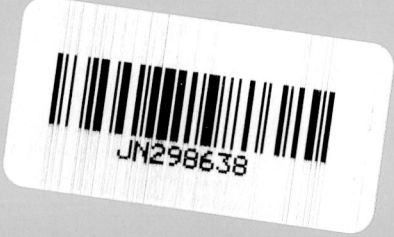

Q&A
美肌をつくり育てる「スキンケア」塾

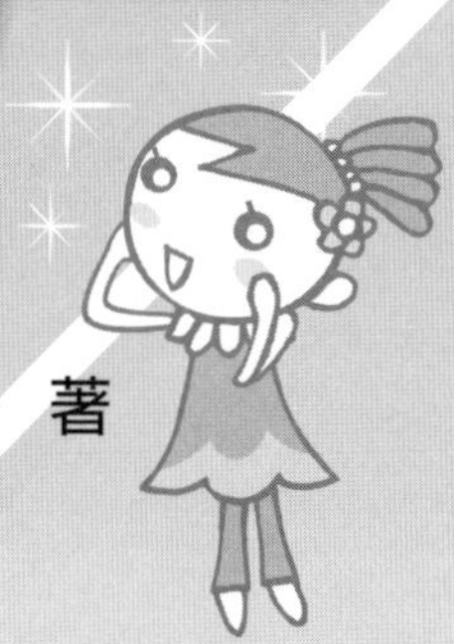

肌分析カウンセラー
hikari 著

セルバ出版

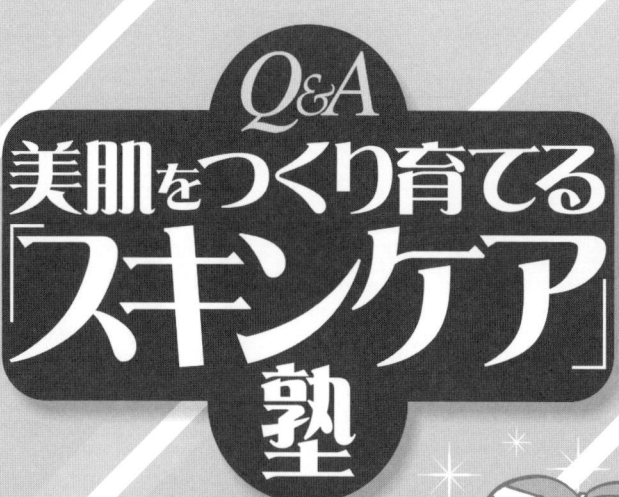

はじめに

今日、物や情報が溢れている時代です。
調べたい情報はインターネットを使えばすぐに調べられますし、テレビや雑誌を開けば、ほとんどのことが調べられます。
また、欲しいものも、お金さえ払えばほとんどのものが手に入る時代になりました。
情報がたくさんあって、いろいろな商品を選べることは、とても素晴らしいことですが、必ずしもすべてがいいとは限りません。
科学や技術は進歩し、新しい技術が導入され、化粧品のレベルや品質も向上しているはずなのに、お肌のトラブルは一向に減っていません。
むしろ老化年齢も早くなり、トラブルは増えています。
これは、いったいなぜなのでしょうか！？

それはあなた自身が、自分のお肌のことを理解していなかったり、流行や様々な情報を鵜呑みにしすぎてしまっているためです。
人の肌のお質はそれぞれ違いますし、老化する原因やお肌のトラブルが起こる原因も、それぞれ違います。
ですから、大切なのは、もっとしっかり自分自身のお肌のことを知って美しいお肌を育てていく必要があるということです。

そこで、お話したいのは、スキンケアの重要性。
自分自身がきれいになる、きれいであり続けるための方法はいくつもありますが、一番手軽に実践できるのがスキンケアの方法です。

筆者は、今まで本当に多くの女性の方とお話してきましたが、自分のしているスキンケアに自信を持っていると答える人はほんの一握り。
正しいケアをしている人はほとんどいませんでした。

スキンケアは、本来お肌をきれいにするための行為なのに、逆にお肌を傷めるケアをしている人も少なくありません。
１日の中のほんの数分、よくする数分か悪くする数分かのスイッチを握っているのはあなたです。

ほんの小さな誤解を積み重ねることが、お肌のトラブルを招くって怖いことだとは思いませんか？

本書は、あなたの間違ったケアの方法や知識を見直していただき、一人でも多くの女性の方が実践し、輝き続けるお肌を育てて、年齢を重ねることを怖がらずに人生を楽しんでいただきたいという思いを込めてまとめています。

本書は、はじめから通して読むこともできますが、ご自分が知りたいところにいきなり飛んで読むことができるように、Ｑ＆Ａ形式で項目を明確にし、それぞれをコンパクトに編集しています。

平成22年１月

肌分析カウンセラー　hikari

Q＆A美肌をつくり育てる「スキンケア」塾　目　次

4 洗顔編

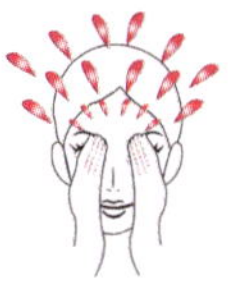

5 化粧水編

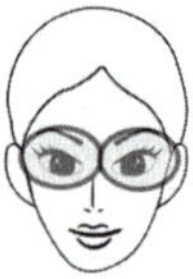

1 スキンケアの前に知っておきたいお肌の知識

　お肌のつくりやしくみを知ることは、正しいスキンケアを行っていくうえでとても大切なことです。
　お肌は生き物です。ケアでは必要なときに必要ものを与えますが、必要以上に過保護に育ててもよいというわけではありません。
　まずはお肌の知識を身につけましょう。

Q1 お肌のつくりとしくみは

A大きく分けて３つの層からできている

お肌は、細かく分けると、何層もの層が重なりあってできていますが（ケーキのミルクレープのような感じ）、大きく分けて、一番外側から表皮、真皮、皮下組織の３つの層でできています。

●表皮

表皮は、お肌の一番外側の層で厚さは約0.1～0.2 mm。

大きく分けて４つの層からできています。

表皮は、外からの刺激を内部に伝えないための働きをしています。

●真皮

真皮は、表皮の下の部分の層で、約70％がコラーゲンでできています。

コラーゲンは、お肌のハリを支えている大切なもので、年齢とともに減少するといわれています。

コラーゲンが減少すると、シワやたるみなどのお肌のトラブルにつながります。

●皮下組織

皮下組織は、外からの衝撃を和らげ、体の内部を守るためのクッションのような働きや体温を保つための断熱材のような働きをしています。

この中で、あなたが知っておくべきなのは、表皮の部分です。

さらに表皮の部分を大きく分けると、４つの層に分かれます。

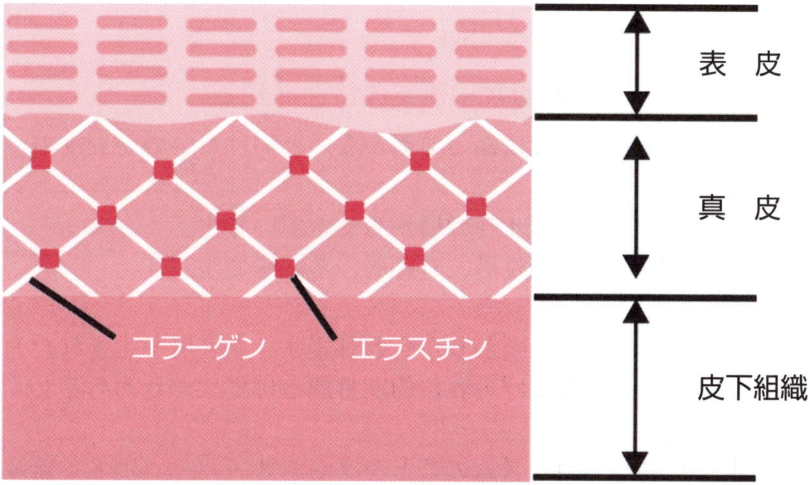

表皮を拡大すると

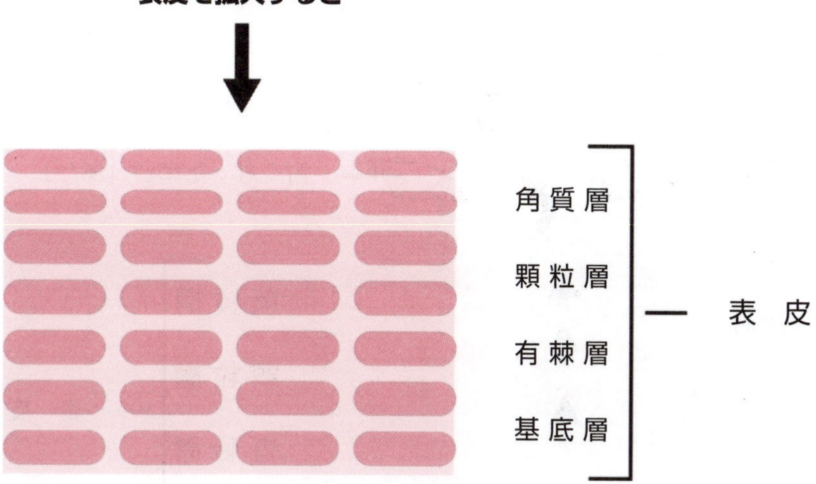

Q2 表皮ってなあに

A❶美肌づくりに欠かせない表皮のことを知る

お肌のつくりで、絶対に知っておかないといけないのが表皮のつくりとしくみです。

表皮は、大きく分けて4つの層からできています。

一番上から角質層、顆粒層、有棘層、基底層です。

表皮ではお肌の生まれ変わりが行われます。基底層で生まれたお肌の層が角質まで押し上げられ、約28日間かけてはがれおちるしくみです。

この生まれ変わりのリズムのことをターンオーバー（別名：新陳代謝）といいます。

表皮のしくみ

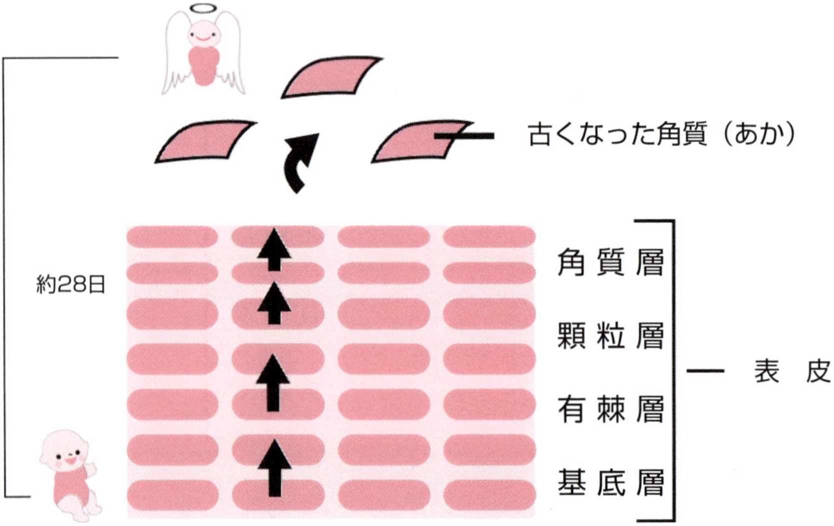

A❷特に知っておきたい表皮の層

●角質層

肌の一番表面にある層で約30％の水分を含んでいます。

角質層からはがれた角質は、死んだ細胞の集まりで、邪魔者扱いされることが多いですが、実はとても大切な働きをしています。

それは、紫外線や毒素の侵入などの刺激からお肌を守り、お肌内部の水分が蒸発しないようにバリアする働きをしています。

●基底層

基底層は、表皮の中で一番下にある層で、お肌の細胞が生まれる工場のような場所です。

これより下にある真皮層を守る働きをしていて、お肌へのダメージが完全に修復されるかどうかの分かれ道が基底層です。

お肌の表面の正常と荒れのしくみ

ターンオーバーが正常で、お肌の表面が整っている場合は、表面で刺激を跳ね返すことができます。

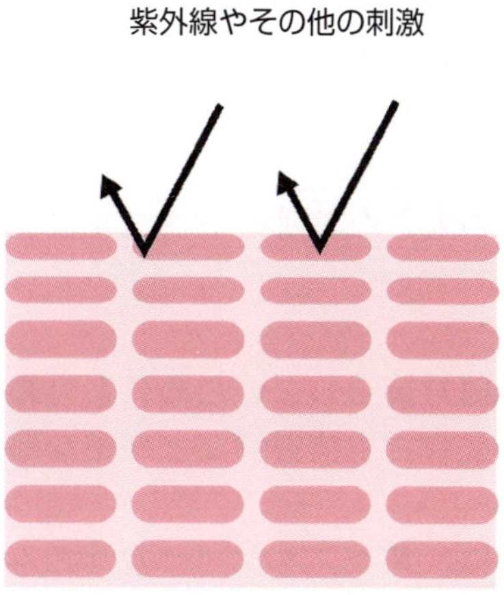
紫外線やその他の刺激

ターンオーバーの乱れで、お肌の表面が荒れている場合は、お肌内部に刺激を受けやすくなり、様々なお肌のトラブルの原因となります。

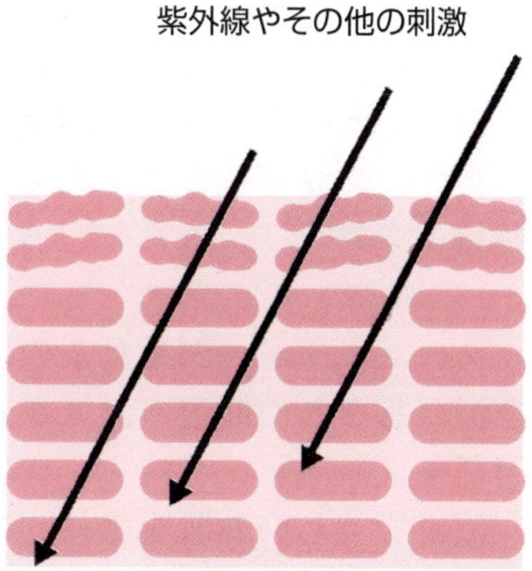
紫外線やその他の刺激

Q3 ターンオーバーってなあに

A❶お肌が約28日間かけて新しく生まれ変わること

ターンオーバーとは、お肌が新しく生まれ変わる作業のことをいいます。

別名“お肌の新陳代謝”とも呼ばれ、健康なお肌はある一定のリズムで常に生まれ変わりをしています。

その周期は、年齢や個人差はありますが、約28日かけて生まれ変わりをしています。

お肌は表皮、真皮、皮下組織と大きく分けて３つの層でできています。その中で、新陳代謝と一番関係が深いのが表皮です。

表皮はお肌の生まれ変わりがある層で、基底層で生まれたお肌の層が角質まで押し上げられ、約28日間かけてはがれおちるしくみです。

この生まれ変わりのリズムのことをターンオーバー（別名：新陳代謝）といいます。

A❷ターンオーバーのリズムが乱れるとお肌のトラブルに発展

ターンオーバーのリズムが崩れると、お肌の表面がどんどん厚くなり、化粧水がお肌の中に入りにくくなり、ザラツキ、にきび、くすみ、毛穴の黒ずみなどが生まれる原因につながります。

また、これが続くとシミやシワなどの大きなお肌のトラブルに発展します。

ターンオーバーが乱れるのは、紫外線対策をしないために紫外線を浴びることや間違ったスキンケア、乱れた生活習慣などが主な原因です。

健康で美しいお肌を維持し続けるには、ターンオーバーのリズムをできるだけ乱さないことが大切です。

ターンオーバーが正常な場合

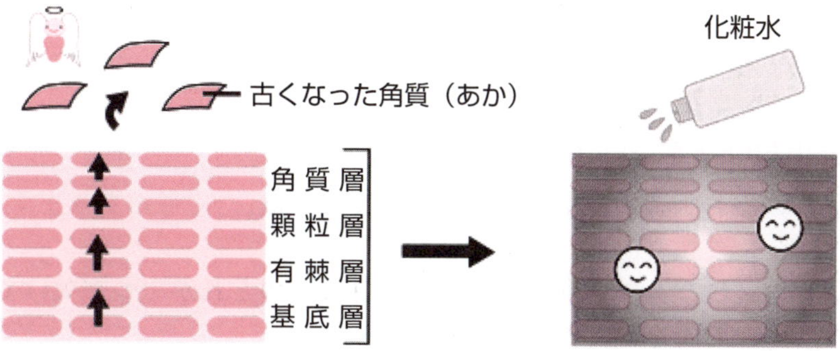

古くなった角質が順調にはがれます。

お肌がやわらかく化粧水がお肌の内部まで浸透しやすいです。

ターンオーバーが乱れた場合

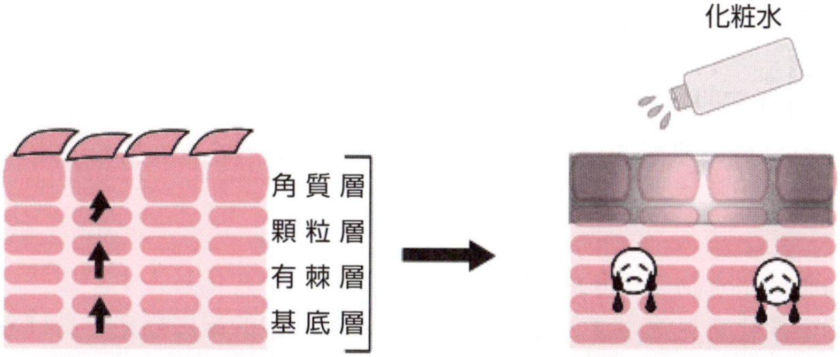

はがれるはずの角質が剥がれず、停滞が起こりどんどん厚くなります。

角質層が厚いため化粧水の浸透率が下がり、肌内部の水分量が少なくなります。

この結果

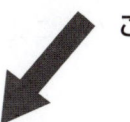

シミ、シワ、くすみなどになりやすくなります。

Q4 きれいなお肌を維持するために必要なことは

A❶正しいスキンケア・食生活・睡眠など

きれいなお肌を維持するために必要なことは、たくさんあります。

正しいスキンケア、食生活、睡眠、これらのどれか１つが欠けてもきれいなお肌を維持することは難しいです。

ただし、すべてを一朝一夕に改善するのは難しいです。

自分が行っている習慣を直すのは本当に大変なことです。

ですから、まずは一番身近で手がつけやすい、スキンケアの見直しから入ることをおすすめします。

小さなことからでもいいので少しずつ改善をしていき、それを習慣づけていくことがきれいなお肌を維持する秘訣です。

A❷自分の肌質を理解しお肌の変化に気がつく

また自分の肌質をしっかり理解することがとても大切なことです。

お肌は生き物で、年齢や季節に応じて状態が変化します。

その変化を見逃さず、必要としているものを的確に与えてあげることが重要です。

難しいことではありますが、あなたの手を通じてお肌としっかり会話してみてください。

きっとお肌の声が聞こえるはずです。

2 スキンケアの基本

あなたは、自分のスキンケアに自信がありますか。

化粧品選びには熱心なのに、正しいスキンケアの方法には無頓着ということはありませんか。

化粧品の効果を最大限に発揮させるには、スキンケアの基本をマスターしておくことが大切です。

この②ではスキンケアの基本についてまとめています。

落とす　　洗　う

うるおす　　バリアする

Q5 スキンケアってなあに

A❶お肌のケアのこと

スキンケアとは、メイクの汚れを落としたり、汗をかいて洗顔料で顔を洗ったり、化粧水でお肌をうるおわせたり、乳液をつけたりして、お肌をケアすることをいいます。
生まれたばかりの赤ちゃんのお肌は、白く、柔らかく、ハリのある肌をしています。

お肌は、大人になるにつれて、乾燥しやすくなったり、にきびができたり、シミやシワができたり、たるみやくすみで悩まされるようになったり、紫外線のダメージを受けたり、メイクをしたり、空気中の汚いゴミがついたりして、悪い影響をたくさん受けてしまいます。

それを解決するのがスキンケアです。

A❷いつまでもきれいでいるための生活習慣のようなもの

自分ではメンテナンスしきれない部分をケアすることによって、いつまでも若く、きれいで、楽しく生活するためにはスキンケアが必要になります。

自分に合った正しいスキンケアの方法を知り、いつまでもきれいでいるためのお肌を育てていきましょう。

正しいスキンケアの方法

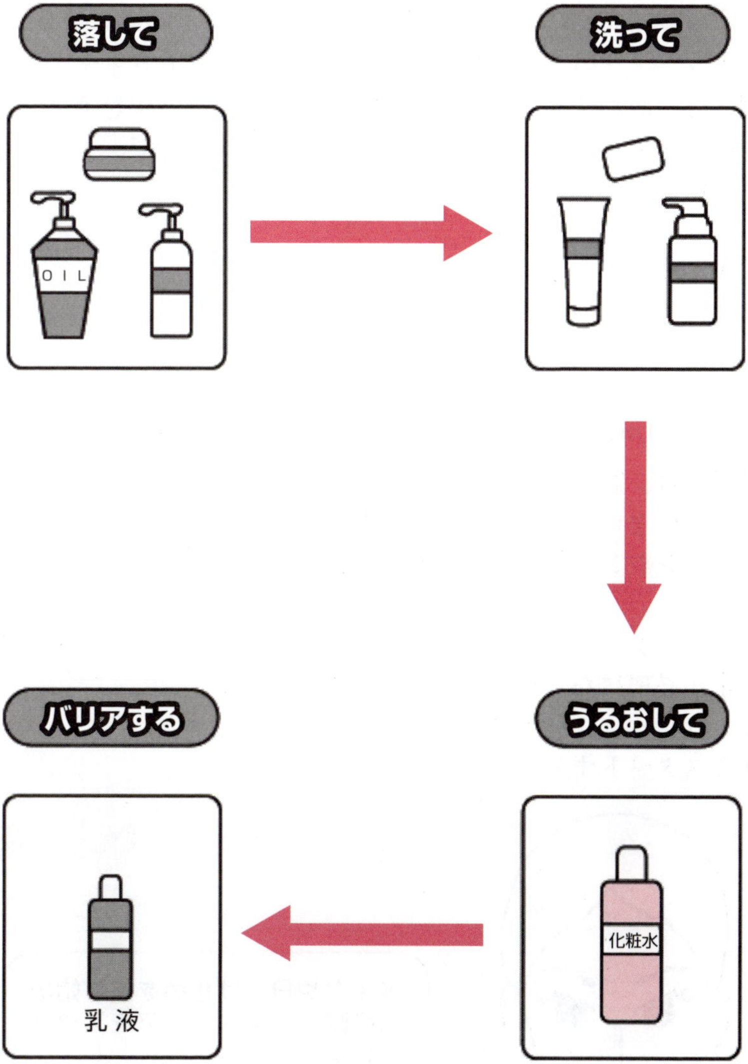

Q6 スキンケアって何歳から始めたらいい

A❶特に決まった年齢はないものの早ければ早いほどよい

スキンケアといっても、ケアの方法はたくさんあります。

例えば、顔を洗うこともスキンケアですし、紫外線対策をするのもスキンケア、化粧水をつけるのもスキンケアなので、その幅は非常に広いのです。

ですから、スキンケアを始める年齢は特に決まっていません。

また、その人のお肌の状態や生活環境によって違ってくるからです。

A❷お肌の基本的な知識は、若い年齢の頃から知ること

最近では、若い年齢の頃からメイクを始めたり、紫外線の照射量も増えていますので、日焼け止めなどを塗ったり、それを落とすためのクレンジングが必要になったりします。

クレンジングをしたら、洗顔が必要になります。洗顔をしたら、化粧水が必要になります。

というように、メイクや日焼け止めを塗り始めた段階で、スキンケアをスタートする必要があります。

メイクや日焼け止めを塗り始めた段階で、スキンケアをスタートします。

Q7 スキンケアは毎日必要ってホント

A❶美肌は１日にしてならず

スキンケアは毎日必要です。

メイクをしている日、していない日、日焼け止めをつけている日、つけていない日にかかわらず、洗顔は必要ですし、また、化粧水をつけてお肌にうるおいを与えてあげることも大事です。

10代だからまだスキンケアはしなくて大丈夫と思っているあなた、スキンケアを始めるのに早すぎるということはありません。

A❷小さな積み重ねが美肌を育てる

若いうちは気がつきにくいお肌の老化も、水面下ではどんどん進行しています。

お肌のトラブルは、気がついて修復しようとしたときには多大な時間とお金が必要になります。

トラブルがあらわれたときの気持ちの落ち込みは、想像をはるかに上回ります。悲しみと不安で一杯になります。それは、お金や時間で解決できません。

悩む前に、トラブルになりにくいお肌をつくることがスキンケアの目的の１つです。

毎日、正しいケアを続けることが、トラブルになりにくいお肌を育てます。

自分に合ったスキンケア方法を続けて、きれいなお肌を手に入れましょう。

Q8 スキンケアの手順は

A❶基本的には４つの工程

スキンケアの手順について正式なものは、存在しません。

というのは、化粧品会社によってケアの方法に順番の違いがあるからです。

基本的な流れは、クレンジング→洗顔→化粧水→乳液　です。

すべての工程は、時間にすると５～10分程度。

あなたは、この５～10分を有効に使っていますか。

間違ったまま続けてしまうと、せっかく時間をかけてもかえってお肌のトラブルを招くことになります。

スキンケアの基本は４工程です。お肌の状態がよくならないときは、さらにプラスして別のアイテムを使う必要があります。

A❷年齢やお肌の状態に合わせてさらにプラス

スキンケアの基本は、４つの工程です。

しかし、これだけではお肌の状態がよくならないというときは、さらにプラスして別のアイテムを使う必要があります。

人のお肌は、年齢によって補わないといけないものも出てきますが、これは、仕方のないことなのです。

その補いをするのが美容液と保湿クリームです。

スキンケアの基本は４工程

クレンジング → 洗　顔 → 化粧水 → 乳　液

落して → 洗って → うるおして → バリアする

クレンジングの目的	メイクや日焼け止めの汚れを落とすため
洗顔をする目的	肌についたスキンケア化粧品やメイク、酸化した皮脂・汗、大気中の汚れを取り除くため
化粧水をつける目的	お肌にうるおいを与え、乾燥を防ぐため
乳液をつける目的	化粧水で与えたうるおいを閉じ込めるため

Q9 年齢でケアの仕方は違うってホント

A❶年齢によってケアの仕方が違うことはない

スキンケアは、基本的に年齢によってケアの仕方が違うということはありません。

もちろん、お肌も生き物なので、年齢や季節、生活環境などによって変化しますが、ケアの仕方が年齢によって特別変わるということはありません。

A❷ケアの仕方ではなく、使う商品の見直しも必要

使う化粧品については、どうしても保湿力の強いものに切り替えないといけない場合や、使っている化粧品の性能を見直すことも必要になります。

お肌も植物と同じで、乾いていればたくさんうるおいを与えてあげないといけません。ただし、あまりに過保護になってケアのしすぎにも注意が必要です。

お肌としっかり向き合い、正しいケアを続けていれば、きっとお肌のよろこびの声が聞こえるようになります。

必要なときに必要なものを与えられるスキンケアマスターをあなたも目指しましょう。

Q10 スキンケアで最も大切なことは

A❶まずは汚れをしっかり落とすこと

スキンケアで最も大切なことは、まずは汚れをしっかり落とすことです。

プロの間では“クレンジング・洗顔を制す者は美肌を制す”といわれるぐらいスキンケアの中でも大切な工程です。

例えば、お肌の汚れがしっかり落ちていない状態で、化粧水や美容液を塗ったらどうなるでしょうか。
毛穴に汚れが残った状態だったらどうなるでしょうか。
せっかく高い化粧水や美容液を買って使っても効果があるでしょうか。

汚れがしっかり落ちた状態ではじめて、化粧水や美容液がお肌の中に浸透しやすくなる状態になります。
逆にクレンジング・洗顔が間違っていると、どんなにいい化粧水や美容液を使っていても効果を半減させてしまいます。

まずは汚れをしっかり落とすことです

A❷化粧品が効かない原因は

化粧水や美容液が効かないと思っている人は、実はクレンジングや洗顔の仕方に問題があるのかもしれません。

化粧品のいい悪いを疑う前に、まずは正しいスキンケアをするところから始めましょう。

きれいなお肌を育てるために、正しいクレンジング、正しい洗顔方法を覚えましょう。

クレンジング・洗顔の正しい方法を覚えましょう

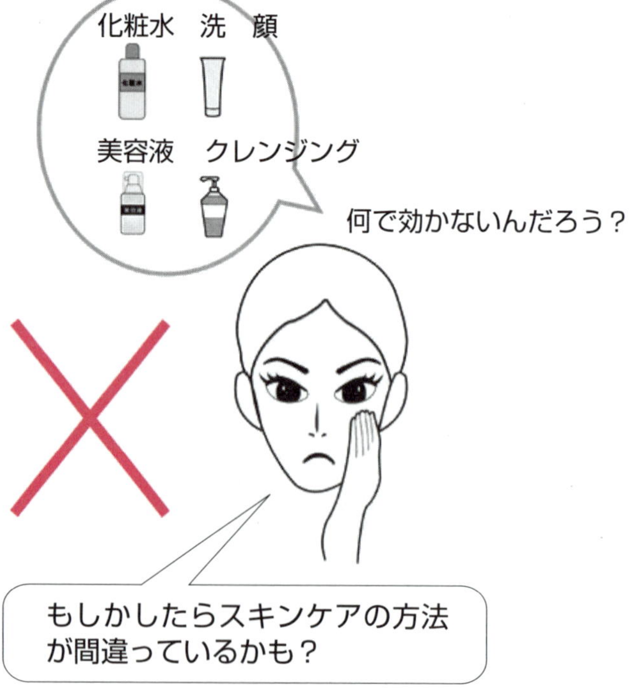

3 クレンジング編

スキンケアの中で最も大事なのはクレンジングです。

クレンジングの方法が正しいか否かで、化粧水や美容液を使った効果がまったく違ってきます。

クレンジングは、お肌のトラブルと関係が深いのです。間違った方法を続けていると、お肌のトラブルの原因になります。

Q11 クレンジングの目的は

A❶メイクの汚れを落とすことが目的

クレンジングの目的は、メイクや日焼け止めの汚れを落とすことです。

汚れを落とすだけなら洗顔料で洗顔すればいいんじゃないのと思う人も多いようですが、メイクや日焼け止めには、洗顔料では落としにくい成分が含まれています。

それを落とすのがクレンジングの役割なのです。

A❷スキンケアで最も大切な工程

クレンジングは、スキンケアの中で最も基本的、かつ重要なケアといっても過言ではありません。

このケアがしっかりできているかどうかで、化粧水や美容液がお肌に入りやすくなるかどうかも変わってきます。

自分に合ったクレンジング剤を選び、正しいクレンジングを行うことが美肌を育てる第一ミッションです。

正しいクレンジングでトラブルになりにくいお肌の手入れをし、10年後も20年後も輝き続ける肌を維持しましょう。

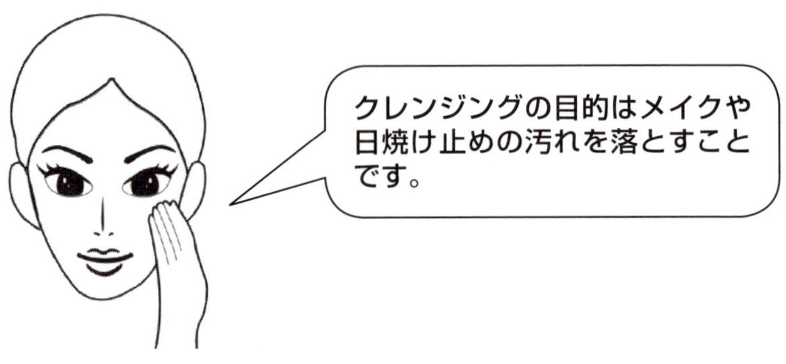
クレンジングの目的はメイクや日焼け止めの汚れを落とすことです。

クレンジングの役割

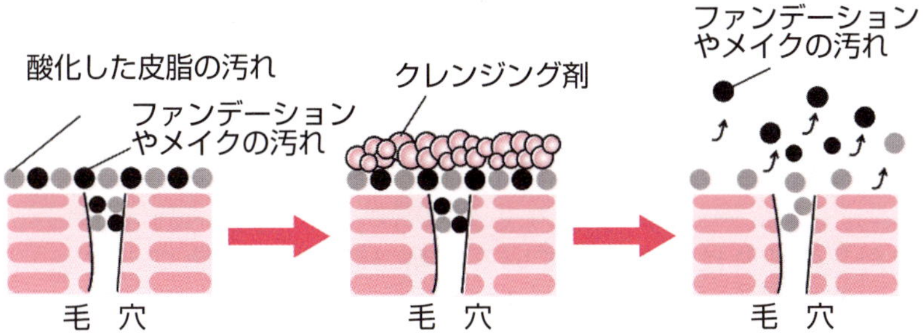

クレンジング後

ファンデーションやメイクの汚れと酸化した皮脂が混ざり合った状態です。

クレンジング後

基本的にはファンデーションやメイクの汚れが落ちます。クレンジングだけでは酸化した皮脂をすべて落とすことが難しいです。

汚れがしっかり落ちていたら

汚れがまだ残っているため化粧水や美容液がお肌の奥に届きにくいです。

汚れがしっかり落ちていればお肌の奥までうるおいが届きやすいです。

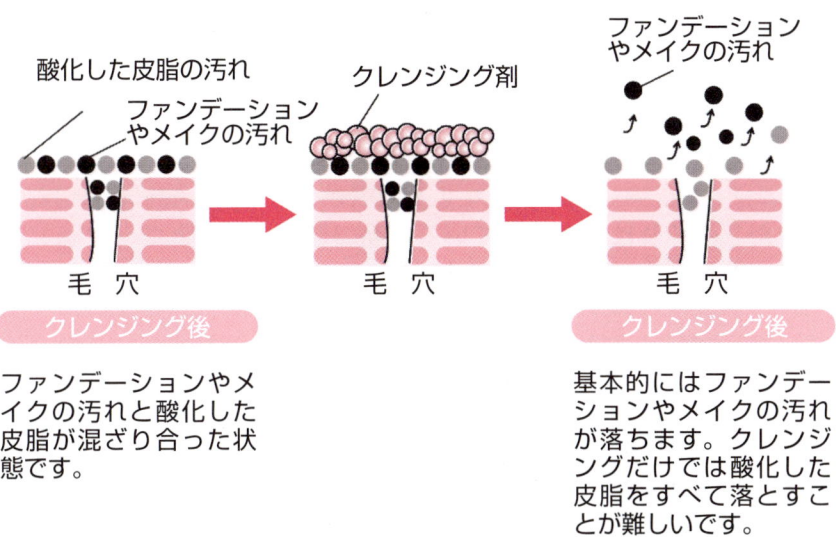

Q12 クレンジング剤の種類は

A❶基本的には４種類

クレンジング剤は、多くのメーカーからたくさんの商品が発売され、その数は数百以上といわれています。

ただし、それは発売されている商品の数ということで、クレンジング剤の種類（タイプ）が数百種類あるというわけではありません。

A❷大きく分けてオイル・ミルク・クリーム・ジェルの４つ

クレンジング剤は、大きく分けて４つの種類に分かれます。

オイル系クレンジング剤・ミルク系クレンジング剤・クリーム系クレンジング剤・ジェル系クレンジング剤の４種類です。
それぞれに特徴があり、目的やメイクの種類、肌質によって使い分ける必要があります。

この４種類のメリット・デメリットをきちんと押えて使い分けることがクレンジングを制するために非常　に大切です。

クレンジング剤の種類

Q13

クレンジング剤のメリット・デメリットは

Aクレンジング剤４つの特徴をよく理解することが大切

クレンジング剤４つメリット・デメリットをまとめると、次のようになります。

●オイル系クレンジング剤

メリット	デメリット
・近年かなり多くの女性に支持されているクレンジング剤です。 ・洗浄力が強く、リッキド系ファンデーションやウォータープルーフマスカラなどカバー力が強いメイクでも簡単に、しかも短時間が落とせます。	・お肌に残りや毛穴に詰まりやすく、にきびや毛穴の黒ずみにつながりやすいです。 ・すすぎには十分に注意を払う必要があります。

●ジェル系クレンジング剤

メリット	デメリット
・非常に水分量が多く、軽い感じのため洗い上がりがさっぱりするものが多いです。 ・お肌への負担が少ないものが多いです。	・クレンジング剤の中でも最も洗浄力が弱いため、お肌にメイクの汚れが残りやすいです。

●ミルク系クレンジング剤

メリット	デメリット
・オイル系クレンジング剤に比べると洗浄力が弱いです。 ・パウダーファンデーションのようなナチュラルなメイクで比較的カバー力の強くないメイクを分解するのに向いています。	・カバー力の強いメイクのリッキッドファンデーションやウォータープルーフマスカラなどのメイクが1回では落ちにくいです。

●クリーム系クレンジング剤

メリット	デメリット
・ミルク系クレンジング剤と同じで比較的軽いメイクの汚れを落とすのに向いています。	・ヌルヌル感が残り不快感がある可能性があります。 ・オイルクレンジング剤に比べ洗浄力が弱く、カバー力の強いメイクの分解がしにくいです。

Q14 クレンジング剤って どうやって選んだらいい

A❶使っているメイクの種類に合わせて選ぶ

クレンジング・洗顔を制す者は美肌を制すといわれるぐらい大切なスキンケアの工程です。

そこで、大切になってくるのが選び方です。

よく口コミや価格などで選ぶ人がいますが、これは大きな間違いです。

人のお肌はそれぞれ質が違いますし、使っているメイクの種類も違います。

そのため、クレンジング剤を選ぶ際は、まずは自分が使っているメイクの種類に合わせる必要があります。

A❷肌質に合わせて選ぶ

次に大切なのは、自分の肌質を考えて選ぶということです。

例えば、オイルクレンジング剤は洗浄力が強く、リッキド系ファンデーションやウォータープルーフマスカラなどは、カバー力の強いメイクを落とすのに向いています。

しかしその反面、お肌のうるおいを守るための皮脂まで取りすぎてしまう可能性もありますので、乾燥肌の人にはあまり向いていません。

逆に普段あっさりメイクをしているにもかかわらず、口コミや手軽さからオイルクレンジング剤を使ってしまったときは、お肌に負担を与えすぎている可能性もありますので、注意してください。

クレンジング剤とメイク用容器の相性

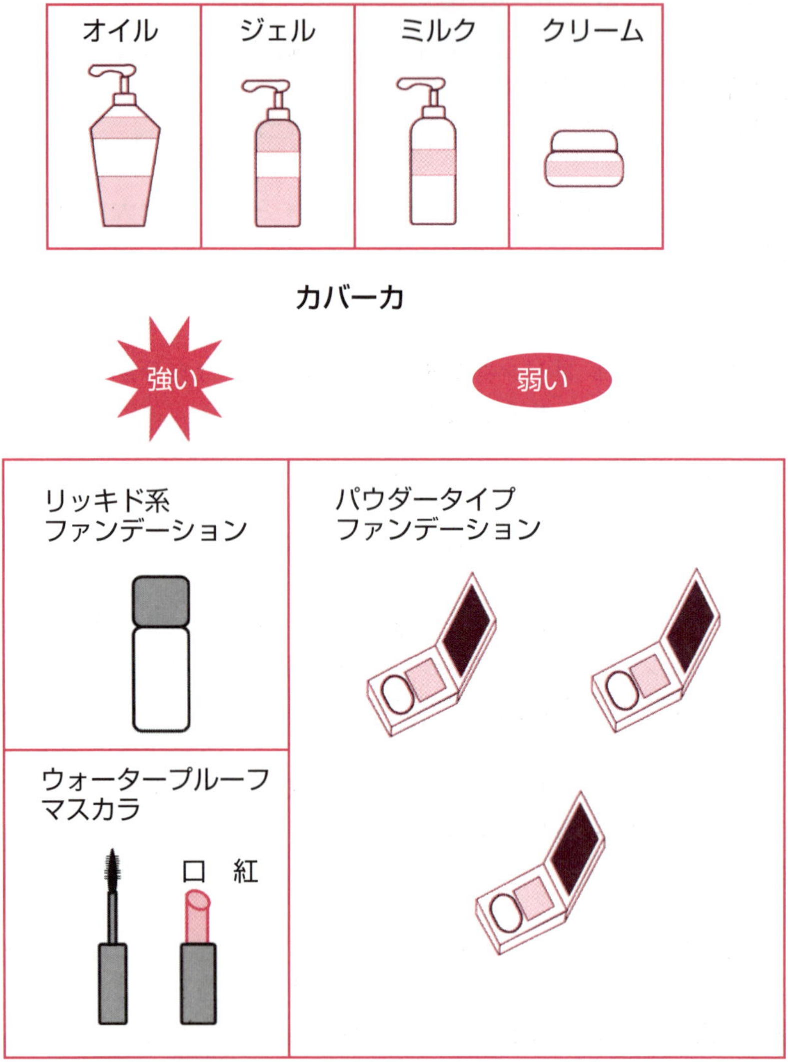
オイル
ジェル
ミルク
クリーム
カバー力
強い
弱い
リッキド系
ファンデーション
パウダータイプ
ファンデーション
ウォータープルーフ
マスカラ
口　紅

Q15 クレンジングっていつすればいい

A❶帰宅後すぐに落とすのがベスト！

メイク用品には、たくさんのオイルが含まれていて時間とともに酸化するものが多く、毛穴をふさいでしまう可能性が高いです。

毛穴をふさいでしまうと、にきびやくすみ、毛穴の黒ずみにつながりやすく、お肌のトラブルを招く原因につながります。

そのため、メイクの汚れは、できるだけ早くお肌から取るのが理想です。

前日の夜にメイクの汚れを落としていたら朝はクレンジングは必要ありません

帰宅後すぐに落とすと
お肌は喜びます。

A❷メイクをしたまま就寝してはいけない

時々メイクをしたまま、就寝してしまうという人がいますが、これは絶対にいけません。

美肌を育てるには、お肌にとって小さな気配りと積み重ねが必要です。

A❸朝のクレンジングは必要なし！

筆者が今までカウンセリングしてきた中で、ごく僅かですが、朝もクレンジング剤を使用して洗顔している人がいます。

前日の夜にメイクの汚れをしっかり落としていたら、朝はクレンジング剤を使用した洗顔の必要はありません。

洗いすぎは、お肌の乾燥につながりますので、気をつけてください。
お肌の乾燥は、メイクのりも悪くなります。

メイクをしたまま就寝してはいけません。

Q16 洗う順序は

A❶目元や口元のメイクをしている場所から落とす

クレンジングで落とすのは、メイクの汚れです。
そのため、念入りにメイクをする部分やカバー力の強いメイク用品を使った場所から落とすのが基本です。

目元や口元のしっかりメイクをしている部分は、専用のリムバーやオイルクレンジング剤などでしっかり落とすようにしましょう。

クレンジングが主に落とすべきは、ファンデーションとチーク・口紅です。
目もと、口元の次は、ファンデーションがしっかりついている頬の部分、額、そして徐々に細かい部分のメイクの汚れを落とします。

A❷フェースラインも忘れずに

顔の全体はしっかりクレンジングされているのに、フェースラインをおろそかにしている人をよく見かけます。

フェースラインの洗い残しは、にきびなどにつながりやすいので、忘れずにしっかりクレンジングしましょう。

メイクは正しい順序で落としましょう

まずはじめに目元、口元を落とします。

① 目 元　　　② 口 元

目元、口元を落としたら
ファンデーションのたくさんついて
いる部分から落とします。

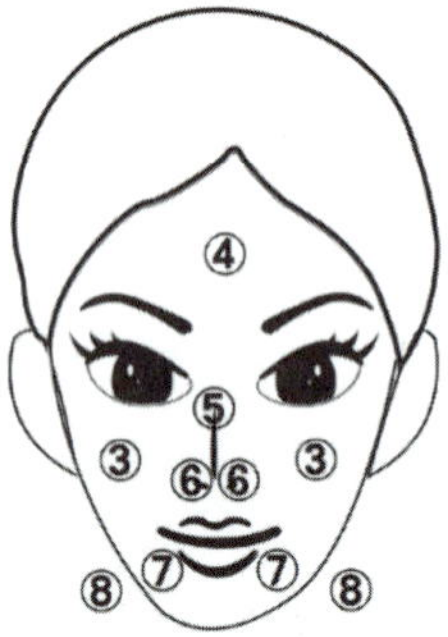

注意ポイント

1・クレンジングの際は十分な量のクレンジング剤で落とします

お肌をこすらないために十分な量のクレンジング剤でのクレンジングをおすすめします。

2・フェースラインも忘れずに落とします

フェースラインの洗い忘れは、にきびなどの原因につながりますのでご注意ください。

Q17 クレンジングをするときの力加減は

A❶力加減はやさしく、お肌をこすらない

クレンジングをするときに注意が必要なのが力加減です。
力を入れたほうがメイクの汚れが落ちやすいと思っている人が多いようですが、それは、大きな間違いです。

メイクの汚れは、基本的に浮かせて落とすのが基本です。
クレンジング剤には、メイクの汚れを分解するための成分が含まれています。
基本的には、お肌にのせておくだけでも大半のメイクの汚れを落とすことができます。

そのため、力加減はやさしくお肌をこすらずクレンジングすることが美肌を維持する秘訣の１つです。

A❷クレンジング剤の量はケチらない

クレンジング剤の量は、絶対にケチってはいけません。

使用するクレンジング剤の量が少なすぎると、メイクの汚れが十分に落ちにくかったり、手を動かす際にすべりが悪くなったり、お肌に負担を与えてしまいます。

容量は、メーカーごとに異なるのですが、しっかり記載されている分量を確かめましょう。少ないと感じたときは、少し多めでクレンジングすることをおすすめします。

力加減はやさしく肌をこすらずにクレンジングしましょう

肌はこすらない！

ゴシ
ゴシ
ゴシ
濡れたお肌はとてもデリケートです。こすることで乾燥肌の原因になったり、シワの原因につながったりします。

量が足りない場合は、足しましょう。

Q18 クレンジングって どのぐらいの時間をかければいい

A❶ポイントメイク以外は90秒以内！

クレンジングにかける時間も大きなポイントです。

メイクの種類とクレンジング剤の相性がしっかりマッチしていれば、そんなにたくさんの時間をクレンジングにかける必要はありません。

実はたったの90秒以内でＯＫです。

メイクの汚れが残ってしまっていると感じる人は、クレンジング剤との相性がよくないのかもしれません。
そんなときは、もう一度クレンジング剤を選び直しましょう。

A❷時間のかけすぎは、お肌のトラブルを招く

また、クレンジングを長くすればするほど汚れが落ちると思っている人も少なくありません。
しかし、実はこれがお肌のトラブルを招く原因になることもあるのです。

クレンジングは、メイクの汚れを落とすものという目的で使いますが、長時間のクレンジングは、お肌のうるおいを守るための皮脂まで取りすぎてしまう可能性があります。

皮脂は、自分のお肌から出る最高の保湿クリームと呼ばれるものです。これを取りすぎてしまうことで、お肌が乾燥しやすくなり、シワなどの大きなトラブルを招くこともありますので、注意しましょう。

クレンジングにかける時間、ポイントメイク以外は90秒以内です。

ポイントメイク以外は

90秒以内

クレンジングが長すぎると、うるおいを守るために必要な皮脂を取りすぎてしまいます。
その結果、お肌を乾燥させます。シワの原因になります。

クレンジングが短かすぎると、お肌にメイクの汚れが残っている可能性があります。
にきびの原因や化粧水の浸透率の低下につながります。

Q19 アイメイクは別の種類のクレンジング剤で落とすってホント

A❶落ちにくいときは別々のクレンジング剤を使う

アイラインやマスカラなどは、メイク用品の中でも非常にカバー力の強い商品です。
そのため、ミルク系、クリーム系、ジェル系のクレンジング剤ではなかなか落とすことが難しい場合も多いです。

それじゃーオイルクレンジング剤で全部落としてしまえばいいのではと思っている人もいるでしょうが、これはお肌にとって、とても負担を与える行為です。
必要のない部分まで洗浄力の強いもので、クレンジングしてしまったらお肌はどうなるでしょうか。

当然乾燥してしまいます。

ですから、部分的に落ちにくいメイクを使用している場所は、専用のリムバーやオイルクレンジング剤など強力な洗浄力のもので落とす必要があります。

部分によってクレンジング剤を使い分けることは、お肌への負担が減り、きれいを維持することにつながります。

A❷落とすときにはこすらずに

目元は、お肌の中でもとてもデリケートな部分の1つです。

アイメイクが落ちにくいからといって、ゴシゴシこするのはダメです。

アイメイクをしっかりしている人は、めん棒などを使ってマスカラやカバー力の強いアイメイクを落とすようにしましょう。

こうした地道なケアが目元の美しさをいつまでも保ちます。

アイメイクを落とすポイント

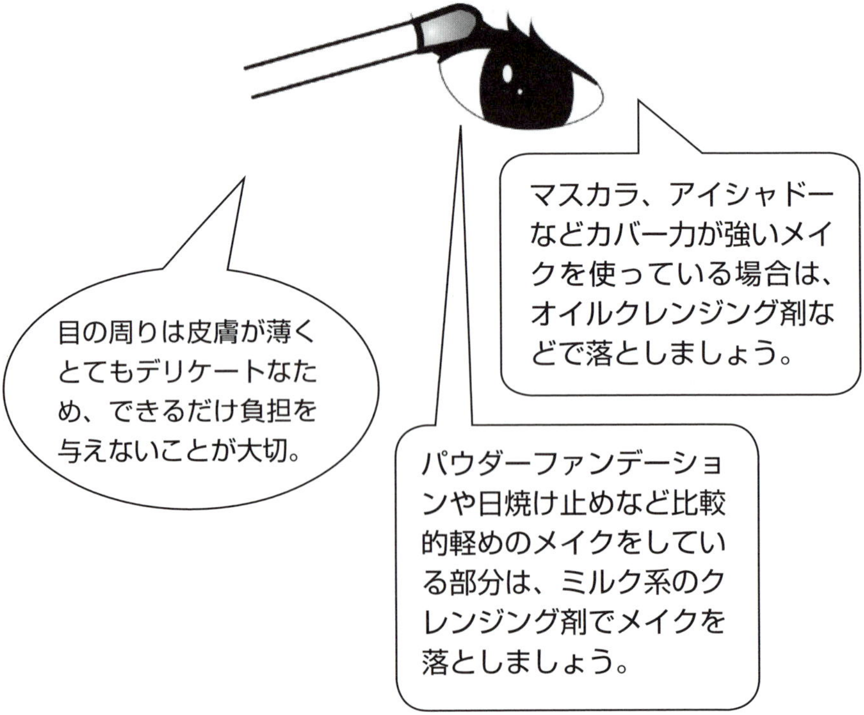

マスカラ、アイシャドーなどカバー力が強いメイクを使っている場合は、オイルクレンジング剤などで落としましょう。
目の周りは皮膚が薄くとてもデリケートなため、できるだけ負担を与えないことが大切。
パウダーファンデーションや日焼け止めなど比較的軽めのメイクをしている部分は、ミルク系のクレンジング剤でメイクを落としましょう。

Q20 すすぎの回数って何回ぐらい

A❶20回以上しっかりすすぐ

せっかくきれいにメイクの汚れを落としたのに、すすぎが上手にできていないとお肌に汚れが残ってしまいます。

汚れが残ると、ニキビなどの原因につながりますので、注意が必要です。

すすぎの際は、桶にぬるま湯をため、20回以上しっかりすすぎます。

A❷すすぎの最後は蛇口から流れるぬるま湯で！

桶にためたぬるま湯ですすぎ終わったことですっかり安心している人はいませんか。

すすぎの最後は、桶にためたぬるま湯ではなく、蛇口から流れるきれいなぬるま湯ですすぐことが大切です。

こうすることで、メイクの汚れがしっかり落ちます。

20回以上しっかりすすぐ！　最初は桶にためたぬるま湯で！　最後は蛇口から流れ出るぬるま湯で！

Q21 バスルームに置きっぱなしでも大丈夫

A❶高温多湿の場所は避ける

せっかく無添加や防腐剤の配合が少ないお肌にいいものを使っていても、保管する場所が悪くて化粧品をいためてしまったら、何の意味もありません。

バスルームは、クレンジング剤だけでなく、化粧品を腐敗させる原因となる最も危険な場所です。

湿気が多く、温度の変化も大きく、雑菌が繁殖しやすいため、保管には向いていません。

A❷キャップなども緩んでいないことを確認する

またよくあるのが、クレンジング剤や洗顔料などの容器のキャップが緩んでいて中に水が入ることです。

水が入ることにより、防腐剤の効果が弱まって菌を繁殖させることにつながります。

菌が繁殖したクレンジング剤、洗顔料で顔を洗ったらどうなりますか。

こういったもので洗うのだったら、洗わないほうがましです。

よい化粧品の効果をしっかり引き出して使うには、容器の保管方法にも気を使いましょう。

バスルームでの保管はダメです

直射日光のあたる場所は避けましょう

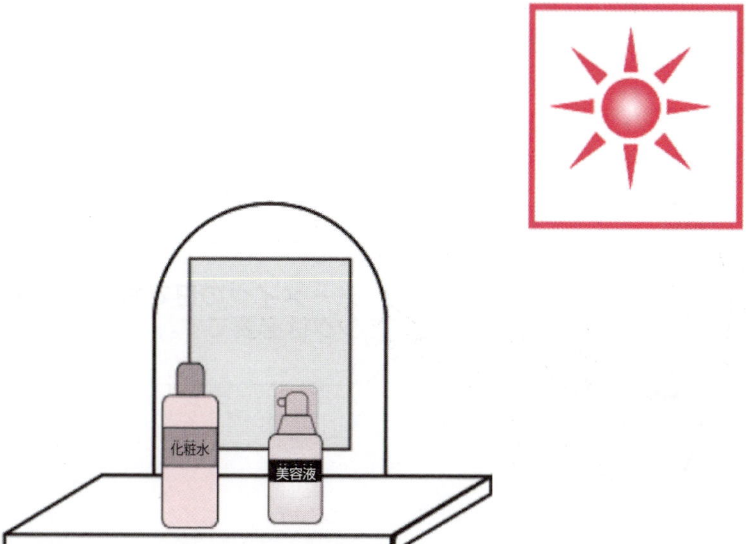

Q22 ノーメイクの日もクレンジングは必要ってホント

A❶日焼け止めをしたときやお料理をしたときなどは必要

メイクをしていないからといって、クレンジングはまったく必要ないというわけではありません。

日焼け止めや化粧品の乳液などには、洗顔料で分解しにくい乳化成分が入っていることが多いようです。
また、お料理をした際にも、顔に油がつくこともあります。
ですから、ノーメイクの日でも、クレンジングは必要です。

A❷ノーメイクの日は軽めなクレンジングを

普段のメイクを落とすクレンジング剤より軽めなものを使用したり（ジェル系のクレンジング剤など）、時間を短めにクレンジングすることでお肌への負担が減ります。

そのあとの洗顔も忘れずにしてください。

ノーメイクの日でも、クレンジングは必要です。

Q23 クレンジングの際はマッサージをしないほうがいいってホント

A❶クレンジングはあくまで汚れを落とすためのケア

クレンジングは、あくまで汚れを落とすためのケアです。

汚れをしっかり落としたい一心でマッサージしたくなる気持ちはわかります。

よく滑るからといって、マッサージをすると、お肌に負担を与えてしまう可能性があります。

クレンジングは汚れを落とすためのケアです

念入りに
マッサージしなきゃ！
長時間のクレンジングは
お肌の乾燥を招きます。

A❷いいと思ってしていたマッサージがシワにつながることも

長年クレンジングでマッサージをし続けてしまい、シワになってしまった人もいます。

また、もともと健康なお肌の状態だったのに、乾燥肌になってしまったという人もいます。

乾燥が原因でシワにつながることもおおいに考えられます。

小さな誤解が大きなお肌のトラブルへ発展することはよくあることです。

あなたも気をつけましょう。

マッサージは、お肌に負担を与えてしまう可能性があります。

Q24 拭き取りタイプのクレンジングシートって大丈夫

A❶メイクの汚れがお肌に残ってしまいがち

若い人の間で流行しているのが拭き取りタイプのクレンジングシートです。

わざわざクレンジング剤を使わず、短い時間で簡単に落とせるのが人気の秘密ですが、拭き取りタイプのクレンジングシートには注意が必要です。

クレンジングシートの特徴は、カバー力の強いメイクの汚れも短時間で簡単に落とせるというのがメリットです。

ただし、拭き取りタイプのクレンジングシートでは、どうしてもお肌にメイクの汚れが残ってしまいがちです。

汚れが残ってしまうことによって、お肌への負担やトラブルの原因につながることもあります。

拭き取りタイプではメイクの汚れが残ることに注意しましょう

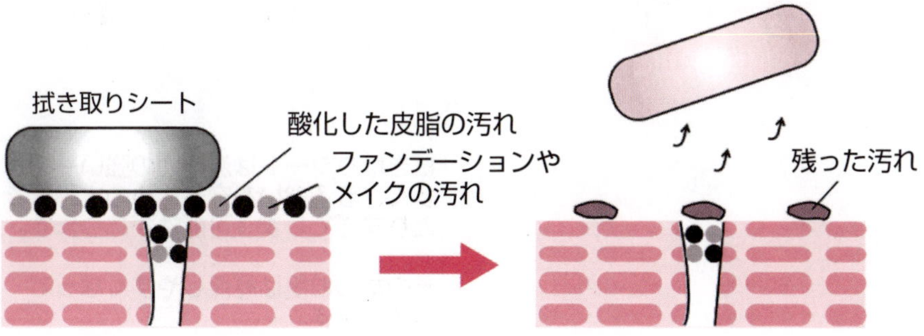
拭き取りシート
酸化した皮脂の汚れ
ファンデーションや
メイクの汚れ
残った汚れ

A❷洗浄力が強いためお肌が乾燥しやすくなりやすい

毎日忙しく生活している女性にとって、短時間で簡単に落とせるのはとてもいいことなのですが、注意点があります。

その注意点は、お肌への負担と乾燥です。

拭き取りタイプのクレンジングシートは非常に洗浄力の強いものが多いため、お肌が乾燥しやすくなる可能性があります。

A❸通常のクレンジングで汚れを落とすのがいい

ですから、お肌への負担と乾燥という点を考えると、やはり通常のクレンジングを行い、しっかり汚れを落とすのがお肌にとってもいいことです。

拭き取りシートではお肌が乾燥しやすいことに注意しましょう

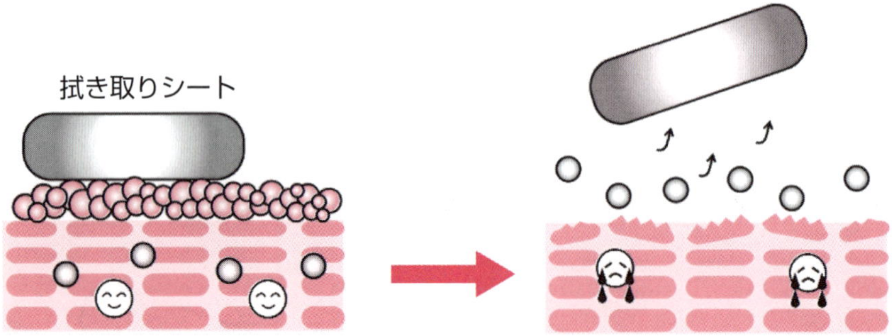

拭き取りシートは洗浄力の強いものが多く、うるおいを守るための皮脂までとりすぎてしまう可能性があります。

そのためお肌は乾燥しやすくなってしまいます。

4 洗顔編

洗顔は、スキンケアではクレンジングと同じように大切なケアです。

間違った洗顔方法は、乾燥肌やにきび、シワなどをはじめ多くのお肌のトラブルを招きます。

正しい洗顔方法を知り、輝き続ける美肌を育てていきましょう。

Q25 洗顔の目的は

A❶汗や酸化した皮脂を落とすケア

幼い頃から、続けている洗顔。

お母さんから顔を洗いなさいといわれて始めたのが、あなたの洗顔の始まりではないでしょうか。

あなたは、洗顔は何のためにするのか、知っていますか。

洗顔の目的は、肌についたスキンケア化粧品やメイク、酸化した皮脂・汗、大気中の汚れをお肌の上から取り除くケアです。

スキンケアの中には、汚れを落とすケアが２つありますが、２つの目的は本来違います。

メイクの汚れを落とすものがクレンジング、酸化した皮脂や汚れを落とすのが洗顔です。

もちろん、クレンジングでも皮脂の汚れは多少落ちますが、すべてを落としきるのは難しいです。

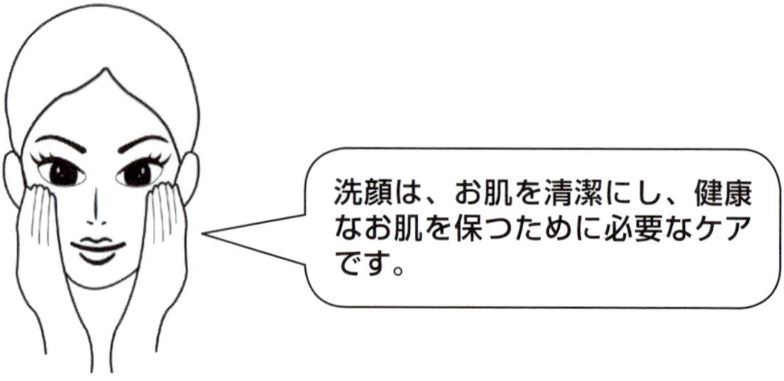
洗顔は、お肌を清潔にし、健康なお肌を保つために必要なケアです。

A❷お肌を清潔にし、健康なお肌を保つ

もし洗顔をせずにそのまま生活していたらどうなるでしょうか。

顔は油でギトギトになり、何の汚れなのかわかりませんが、顔は薄黒くくすみ、にきびができるなど、きっと清潔なイメージではなくなるのではないでしょうか。

洗顔は、クレンジング同様に、スキンケアの基本でとても重要なケアの1つです。洗顔は、お肌を清潔にし、健康なお肌を保つために必要なケアです。

洗顔の目的

洗顔は、酸化した皮脂や汚れを落とすケアです。

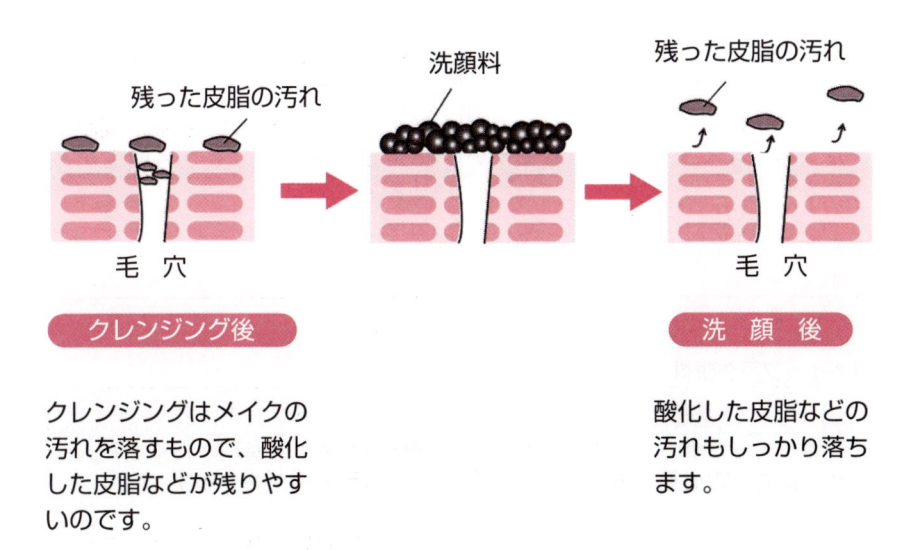

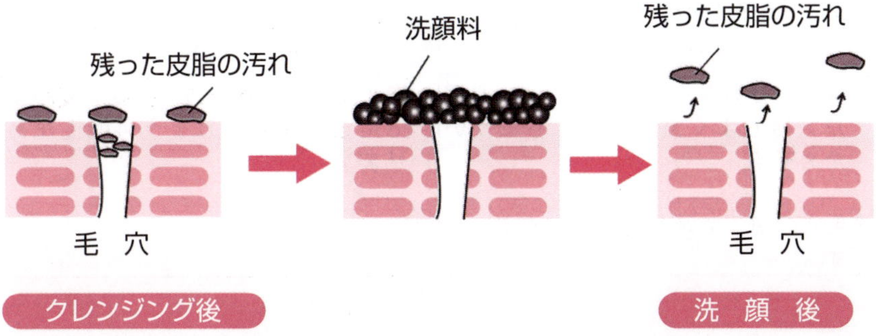

クレンジングはメイクの汚れを落すもので、酸化した皮脂などが残りやすいのです。

酸化した皮脂などの汚れもしっかり落ちます。

Q26 洗顔料の種類は

A❶固形・クリーム・ホイップの3種類

洗顔料は現在、たくさんのメーカーから様々な商品が発売され、その数は数えきれないほどです。

形状の種類としては、大きく分けて、固形（せっけん）、クリーム、ホイップの３種類に分かれます。

A❷固形・クリーム・ホイップのメリット・デメリット

●固形（せっけん）

メリット　○	デメリット　×
・水分量が少ないため防腐剤の配合が少ないです。	・固形のため泡立てるのが面倒です。

●クリーム系洗顔料

メリット　○	デメリット　×
・泡がとてもクリーミィで、洗い心地が気持ちよく気泡がとても細かいためです。 ・毛穴の奥まで汚れを落としやすいです。	・泡が立ちすぎるため、必要な皮脂まで落としすぎてしまう可能性があります。

●ホイップ系洗顔料

メリット　○	デメリット　×
・液体が入ったボトルでポンプ式のため、泡立ての必要がありません。	・液体のため、防腐剤がたくさん入っている可能性があります。 ・また定期的に使わないとポンプがつまり泡が出ないことがあります。

Q27 洗顔料ってどうやって選んだらいい

A❶肌質に応じて選ぶ

クレンジング・洗顔を制す者は美肌を制すといわれるぐらい大切なスキンケアの工程です。

そこで、大切になってくるのが洗顔料の選び方です。

洗顔料を選ぶ際に大事なことは、自分のお肌の状態に合わせて選ぶことが大切です。

例えば、ニキビで悩んでいる人でとてもお肌が油っぽい状態であれば、洗浄力が強い洗顔料を選びましょう。

逆にお肌が乾燥しやすい状態だったら、できるだけお肌に負担の少ない弱酸性系の洗顔料を選ぶことが大切です。

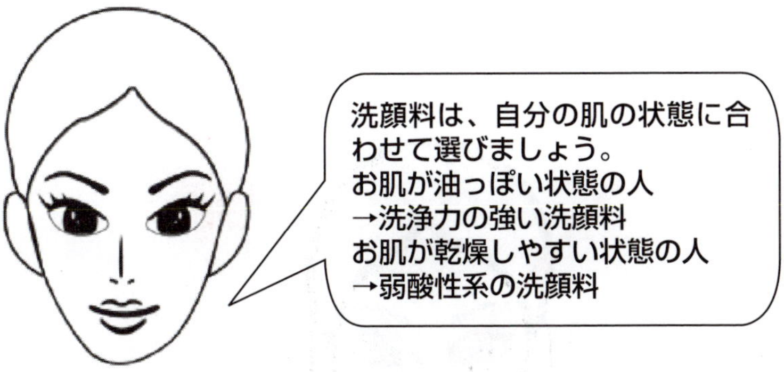
洗顔料は、自分の肌の状態に合わせて選びましょう。
お肌が油っぽい状態の人
→洗浄力の強い洗顔料
お肌が乾燥しやすい状態の人
→弱酸性系の洗顔料

A❷洗い上がりにお肌がつっぱらないものを選ぶ

洗顔料を選ぶポイントとしては、洗い上がりにお肌がつっぱるようなものは避けることです。

なぜかというと、皮脂を取りすぎてしまっている可能性が高く、乾燥肌につながるからです。

自分自身のお肌の状態をよく知っているという人が少ないのです。

そこで、できれば、化粧品カウンターなどでしっかり説明をしてくれるメーカーや、あるいはトライアルセットなどでお試しできる洗顔料で1度試すことができるものを選ぶことをおすすめします。

洗い上がりにお肌がつっぱらないものを選びましょう

Q28 洗う順序は

A❶小鼻・額などのＴゾーンから洗う

洗顔料で落とすのは、皮脂の汚れです。

そのため、顔の中でも皮脂の出やすい場所から洗うのが基本になります。

顔の中で皮脂が出やすい場所は、小鼻から額にかけてのＴゾーンと呼ばれる部分です。

この部分は、皮脂線と呼ばれる皮脂が出る場所が多いため、油っぽくなりやすい場所です。

乾燥しやすい場所より油っぽい場所から洗うことで乾燥肌を防ぎます。

A❷目元は特に注意してやさしく洗う

反対に皮脂の出にくい部分でデリケートゾーンが、目の周りです。

目の周りは皮膚も薄い部分なので、特にやさしく短時間で洗い上げるのが目元を美しく保つ秘訣です。

洗う際には、洗顔料をよく泡立てて十分な泡で絶対にこすらないようにしましょう。

フェースラインも忘れずに落としましょう。

A❸洗う場所だけに泡をのせて洗顔する

洗顔料は顔全体に一度に泡をつけるのではなく、洗う場所だけに泡をのせます。そしてその部分が終了したら、次の部分に泡をつけて洗顔するようにしましょう。

洗顔の順序

洗顔は皮脂の出る量が多い場所から落とします。

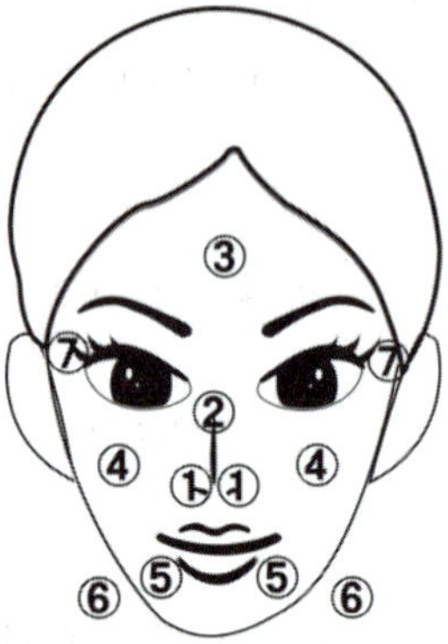

注意ポイント

1・十分な量の泡で洗う

お肌をこすらないために十分な量の泡で洗顔をすることをおすすめします。

2・フェースラインも忘れずに落とす

フェースラインの洗い忘れは、ニキビなどの原因につながりますのでご注意ください。

3・目元はやさしく

目元を洗う際は、やさしくできるだけ短時間で洗うようにしましょう。

Q29 洗顔っていつすればいい

A❶クレンジング終了後にする

お肌にメイクの残っている時間が長ければ長いほど、毛穴を塞ぎお肌の呼吸を妨げたり、メイクの油が酸化して負担を与えてしまいます。

できるだけ早くお肌からメイクを落とす必要があります。
そのため、帰宅後すぐにするのがおすすめです。

ただし、洗顔だけではメイクの汚れを落とすことが難しいため、クレンジングが終了した後に洗顔をします。

帰宅後すぐに洗顔するのがおすすめです

帰宅後
クレンジングと
一緒に洗顔します。

A❷朝はぬるま湯だけで洗顔

朝は、洗顔料を使って洗顔すると乾燥肌につながりますので、ぬるま湯だけの洗顔をおすすめします。

夏のシーズンのときや、思春期の人、オイリー肌の人は、洗顔料を使って洗顔をしたほうがよい場合もあります。

朝の洗顔はぬるま湯だけでOKです

Q30　洗顔のときの力加減は

A❶力加減はやさしく、お肌を絶対にこすらない

洗顔をするときに注意が必要なのが力加減です。

力強く洗顔すると汚れが落ちやすいと思っている人が多いようです。これは、大きな間違いなのです。

洗顔料で落とすのは、酸化した皮脂の汚れです。

洗顔料には皮脂の汚れを分解するための成分が含まれています。

基本的には、お肌にのせておくだけでも大半の皮脂の汚れを落とすことができます。

ですから、力加減は、やさしくお肌をこすらず洗顔することが美肌を維持する秘訣の１つです。

お肌は絶対にこすらないで洗顔しましょう

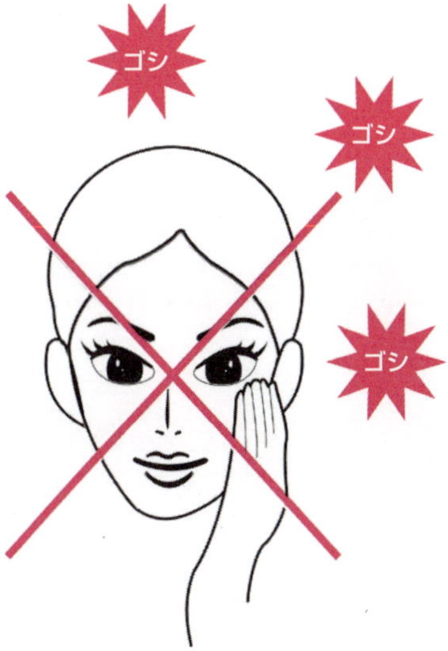

A❷しっかり泡立てたっぷりの泡で洗顔する

注意点としては、洗顔料をよく泡立てることです。

洗顔料をよく泡立てることによって泡がクッションになりお肌との摩擦を軽くしてくれます。

使用する泡の量が少なすぎると、手を動かす際にすべりが悪くなり、お肌に負担を与えてしまいます。

容量は、メーカーごとに異なるのですが、記載されている分量をきちんと確かめて洗顔することをおすすめします。

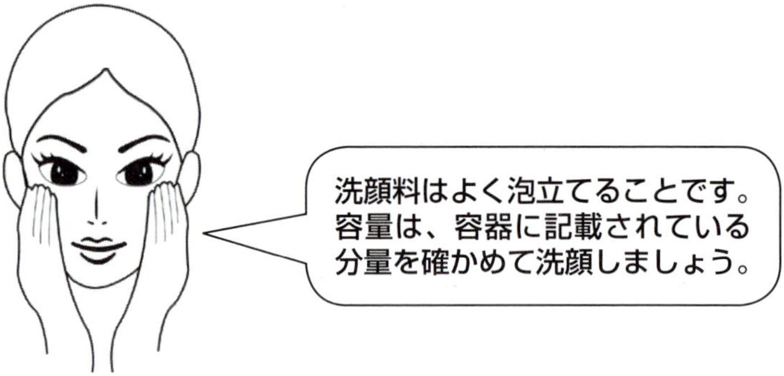
洗顔料はよく泡立てることです。
容量は、容器に記載されている
分量を確かめて洗顔しましょう。

Q31 洗顔の時間ってどのぐらいかければいいい

A❶泡をつけ始めてから60秒以内でＯＫ

お肌の乾燥と関係が深いのが洗顔にかける時間です。

クレンジングをした際にメイクの汚れと一緒に皮脂の汚れも少し落ちていますので、そんなにたくさんの時間を洗顔にかける必要はありません。

本来、洗顔料は、泡をのせておくだけでも汚れが落ちてしまうほど、洗浄力が強いものが多いのです。

洗顔にかける時間は、たったの60秒でＯＫです。

A❷時間のかけすぎは、お肌のトラブルを招く

洗顔を長くすればするほど汚れが落ちると思っている人も多いようですが、実は、これがお肌のトラブルを招く原因になることもあります。

洗顔は、皮脂の汚れを落とすものという目的のケアなのです。

長い時間洗顔をしてしまうとお肌のうるおいを守るための皮脂を取りすぎてしまいます。

皮脂は、自分のお肌から出る最高の保湿クリームと呼ばれるものです。

皮脂を取りすぎてしまうことで、お肌が乾燥しやすくなったり、シワなどの大きなトラブルを招くこともありますので注意しましょう。

特ににきびやオイリー肌だからといって、長い時間洗顔している人は、注意してください。

洗顔の時間はたったの60秒でOKです

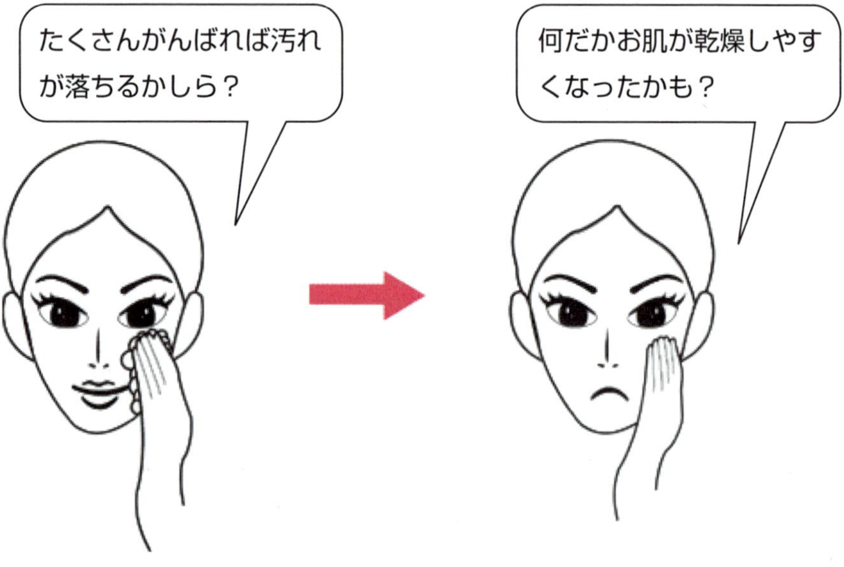

たくさんがんばれば汚れが落ちるかしら？
何だかお肌が乾燥しやすくなったかも？

時間のかけすぎはお肌のトラブルを招きます。

Q32 すすぎはぬるま湯と水のどちらがいい

A❶ぬるま湯が好ましい

洗顔終了後のすすぎは、クレンジングをすすいだ後と同じで、ぬるま湯が好ましいのです。

温度が高すぎるとお肌に負担を与え、必要以上に毛穴を開かせてしまい、皮脂を取りすぎて乾燥肌につながる可能性があります。

A❷ぬるま湯の温度は35℃（人肌ぐらい）

ぬるま湯といってもどのぐらいの温度がいいのでしょうか。

わからない人が多いようですが、温度でいうと35℃程度（人肌温度ぐらい）。

すすぎの最後は、しっかり汚れを落とすために桶にたまっているぬるま湯ではなく、蛇口から流れるぬるま湯でしっかりすすぎましょう。

ぬるま湯の温度は35℃ぐらい

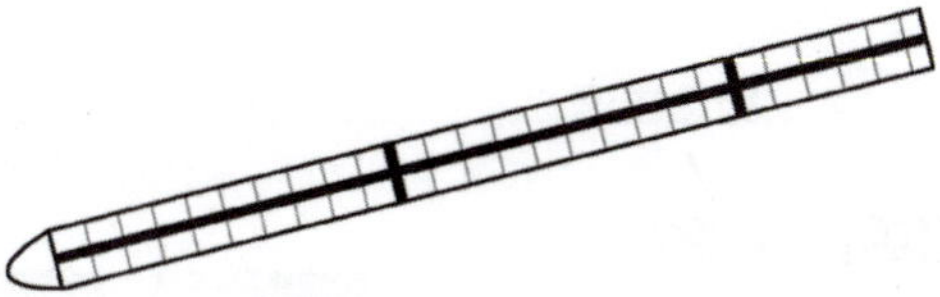

A❸冷水ですすぐと毛穴が閉じてしまう

すすぎを冷水でしてしまうと、せっかく開かせた毛穴が閉じてしまいます。

引き締めるのはお肌にいいことでしょうと思っている人もいると思いますが、引き締めをするタイミングが違います。

引き締めをするタイミングは、化粧水をつけた後です。

冷水ですすぎをすると、開いた毛穴が閉じてしまいます

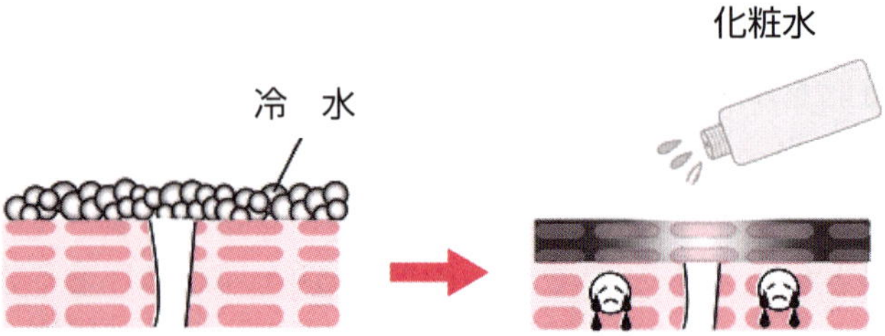

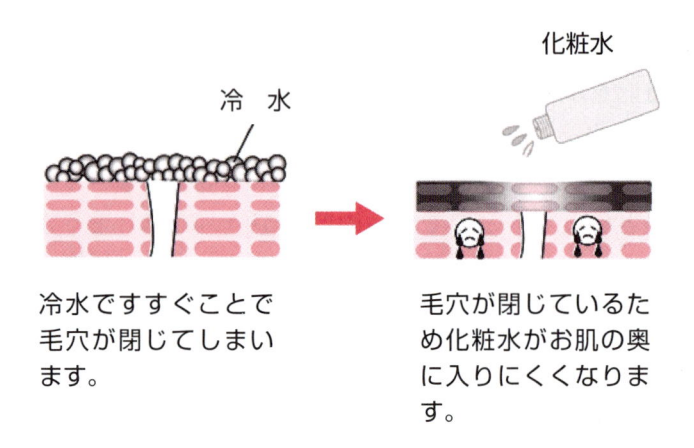

冷水ですすぐことで毛穴が閉じてしまいます。

毛穴が閉じているため化粧水がお肌の奥に入りにくくなります。

蛇口から流れるぬるま湯ですすぎをすると化粧水が奥まで入りやすくなります

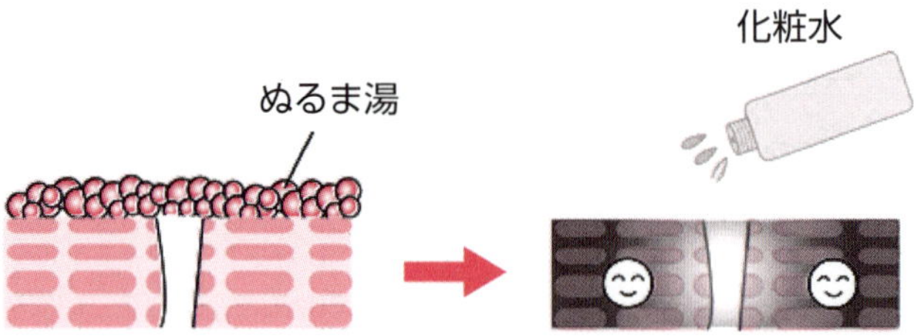

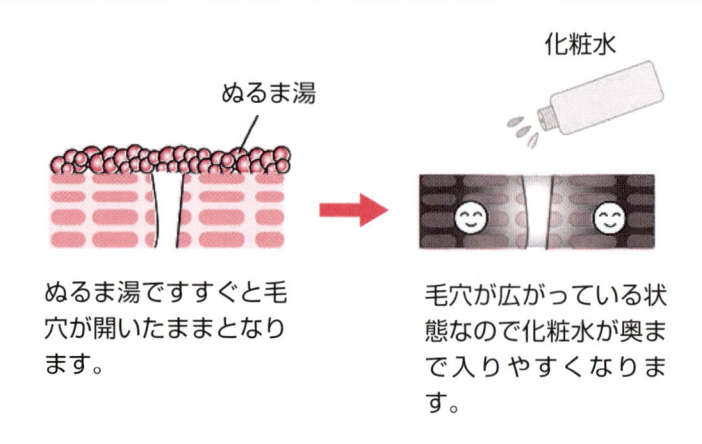

ぬるま湯ですすぐと毛穴が開いたままとなります。

毛穴が広がっている状態なので化粧水が奥まで入りやすくなります。

Q33 洗顔は朝も必要ってホント

A❶洗顔は朝も必要

洗顔は朝も必要です。

人間は寝ている間にも汗をかきます。

ただし、外に出たりお料理をしたり、メイクをつけたりしているわけではありませんので、クレンジングの必要はありません。

また、洗顔料を使って洗顔をする必要もありません。

A❷朝の洗顔はぬるま湯だけの洗顔で大丈夫

朝も洗顔料を使って洗顔してしまうと、うるおいを守るための皮脂を取りすぎてしまう可能性があり、乾燥肌につながる場合もありますので注意しましょう。

朝の洗顔は、皮脂を落とすためだけに、軽めにすすぐという気持ちでやるといいでしょう。

夏のシーズンのときやオイリー肌で悩んでいる人は、少量の洗顔料をよく泡立てて洗顔するのがよいでしょう。

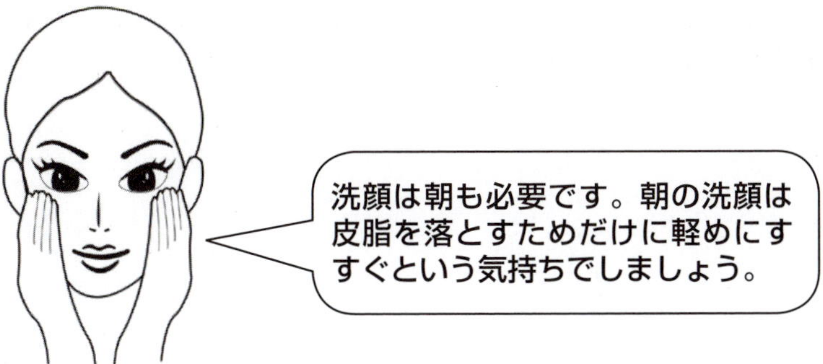
洗顔は朝も必要です。朝の洗顔は皮脂を落とすためだけに軽めにすすぐという気持ちでしましょう。

Q34 洗顔はお肌がきゅっとするものがいいってホント

A❶きゅっとするものは、皮脂を取りすぎている

オイリー肌やにきびに悩んでいる人、あるいは若いうちから同じ洗顔料を使っているという人は、洗顔後でお肌がきゅっとするものを好んで使っている人が多いようです。これは大きな間違いです。

また、お肌がきゅっとしないと汚れが落ちた気がしないと思っている人もいます。これも大きな間違いです。

お肌がきゅっとするような洗顔料は、うるおいのベールの元である皮脂を取りすぎてしまっていることが考えられ、乾燥肌を招きます。

A❷皮脂の取りすぎはもったいない

もちろん、洗顔をする時間が長すぎても、お肌がきゅっとする場合もありますが、たいていの場合は、洗浄力が強すぎる洗顔料を使っている可能性が高いのです。

このような洗顔料を使っている人は、洗顔料の見直しが必要です。

皮脂は、自分のお肌から出る最高の保湿クリームで、年齢とともに出る量が減ります。これが原因でシミやシワになりやすくなる可能性も非常に高いのです。

お肌がきゅっとするまで洗顔するとシミやシワになりやすくなります

きゅっ
きゅっ
お肌がきゅっとするような洗顔料は、うるおいの元である皮脂を取りすぎてしまうことがあり、乾燥肌を招きます。

皮脂はどんな高価な保湿クリームより
自分のお肌に合った最高の保湿クリームです

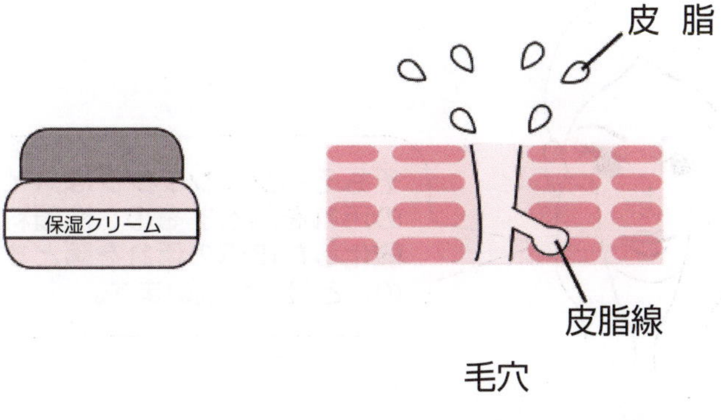
保湿クリーム
皮 脂
皮脂線
毛穴

Q35 ダブル洗顔はダメってなぜ

A❶クレンジングと洗顔では役割が違う

クレンジングした後に洗顔をすることをダブル洗顔といいます。

美容専門家の中でも賛否両論ですが、筆者は賛成です。

繰り返しますが、そもそもクレンジングと洗顔では、役割が違うのです。

クレンジングはメイクの汚れを落とすもので、洗顔は皮脂の汚れを落とすものです。

A❷クレンジングと洗顔の時間を変えれば問題ない

両方行うとお肌が乾燥しやすくなってしまうという考えは、反対派の意見です。

でも、クレンジング剤や洗顔料の選び方、洗う時間などについて正しいケアの方法を知っていれば、お肌に負担を与えることはありません。

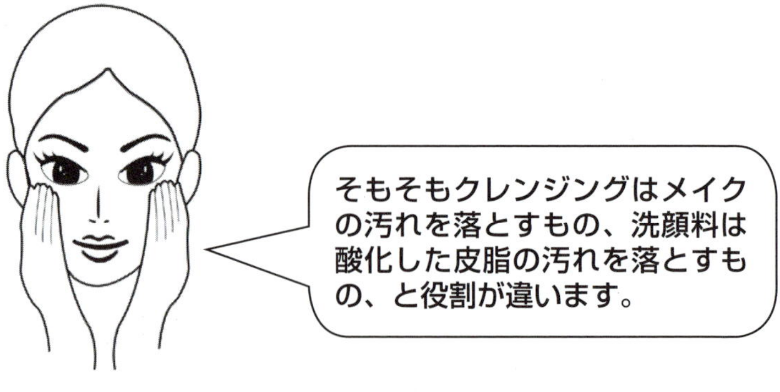
そもそもクレンジングはメイクの汚れを落とすもの、洗顔料は酸化した皮脂の汚れを落とすもの、と役割が違います。

またクレンジング剤によっては、お肌に付着しやすく、しっかりすすいでもなかなか落ちにくいものもあります。

ですから、その後の洗顔で皮脂と一緒に残ったクレンジング剤を落とすことが大切です。

大事なのは洗う時間と使う洗顔料です

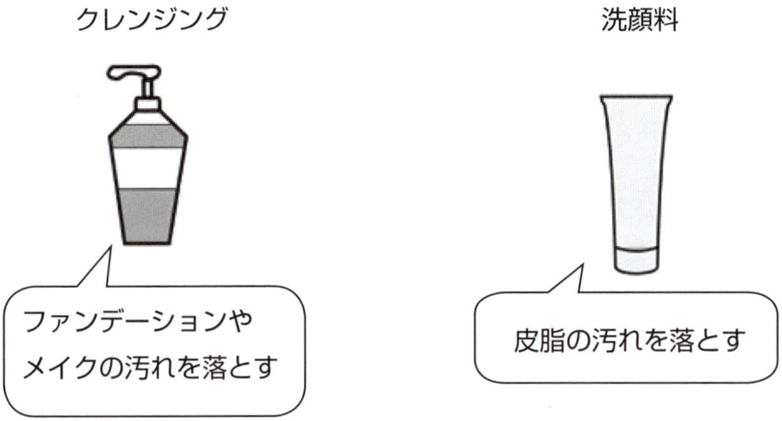
クレンジング
ファンデーションや
メイクの汚れを落とす
洗顔料
皮脂の汚れを落とす

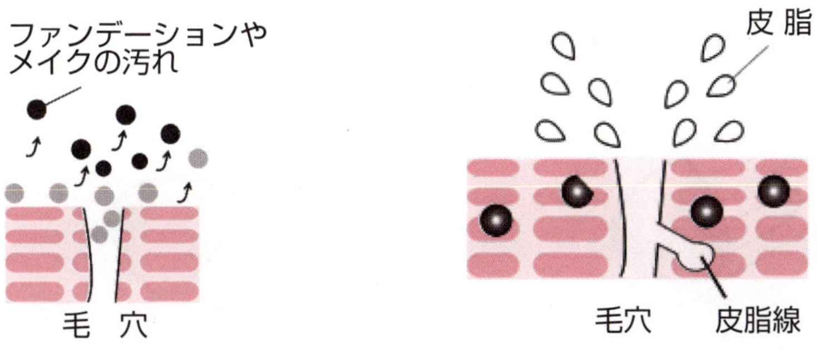
ファンデーションや
メイクの汚れ
毛 穴
皮 脂
毛穴
皮脂線

Q36 よく泡立てるってどのぐらい

A❶逆さにしても落ちないぐらい泡立てる

洗顔をするときによく泡立てるという言葉を聞きますが、どのぐらい泡立てればいいのでしょうか。

基本的には、泡を逆さにしても泡が落ちないぐらいに泡を立てることが大切です。

こうすることで、お肌をこすることなく泡のクッションで汚れを落とすことができます。

逆さにしても泡が落ちない程度に泡立てましょう

たっぷり泡立てます

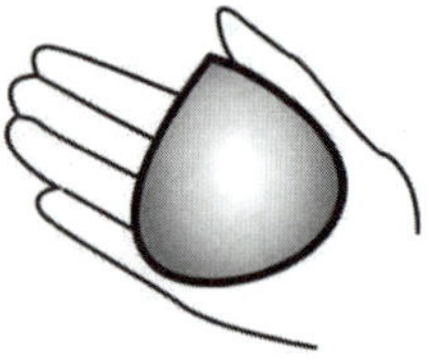

逆さにしても
落ちない程度に！

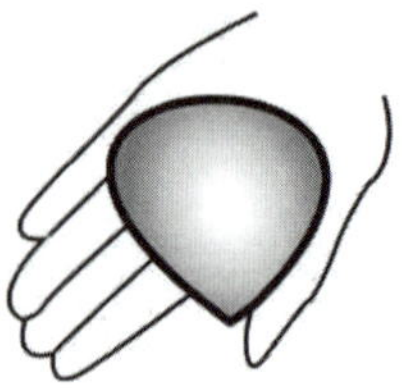

A❷泡立てネットなどを使うことも必要

洗顔料には泡立ちやすいものとそうでないものとがあり、それは洗顔に含まれる泡立ちの成分の量に関係があります。

お肌にやさしいタイプの洗顔料の場合、泡立ちが悪く感じるものが多いようです。にきびやオイリー肌タイプの洗顔料は泡立ちが悪いものがあります。

そのため、泡立ネットを使用しないと泡立ちが上手に行えないものもあります。

また水の量が多すぎると、手を逆さにした際に泡が落ちてしまうので、そのようなときは洗顔料をもう少し足し、再び泡立てをしましょう。

なお、アミノ系・弱酸性・界面活性剤の配合が少量といった洗顔料の場合、泡立てが難しい場合があります。

そのような場合は、メーカーに相談してみましょう。

Q37 洗顔料は弱酸性のものがいいのってホント

A❶弱酸性のものが必ずしもよいとは限らない

人間のお肌の状態は、基本的に弱酸性です。

お肌が弱酸性の状態というのは、雑菌や微生物が繁殖しにくい状態でもあります。
逆に、肌表面がアルカリ性に傾くと抵抗力を失い、トラブルを起こしやすい状態になってしまいます。

通常、お肌の機能で弱酸性の状態を保たれています。

そのため、お肌の性質に近い弱酸性で汚れを落とせばいいという発想で生まれたのが弱酸性の洗顔料です。

A❷洗浄力が弱すぎることもある

敏感肌や乾燥肌などで悩んでいる人のお肌にはよいかもしれませんが、すべての人が弱酸性の洗顔料がよいというわけではありません。

弱酸性の洗顔料は非常に洗浄力が弱く、それだけでは汚れが落としきれない場合もあります。

そのため、汚れが中途半端に残ってしまい、トラブルの原因になる可能性もありますので、注意が必要です。

5 化粧水編

化粧水は、お肌にうるおいを与え乾燥を防ぐためにつけます。

せっかく素晴らしい化粧水を使っても、誤った知識でつけていると、効果が半減してしまいます。

この⑤では、化粧水の基本知識から応用のポイントをマスターしましょう。

うるおす

Q38 化粧水をつける目的は

A❶お肌にうるおいを与え、お肌のトラブルを防ぐため

化粧水をつける目的は、お肌にうるおいを与え乾燥を防ぐためのケアです。

お肌の乾燥は、シミ、シワ、くすみ、たるみ、にきびなど、お肌のトラブルの元になります。

そのため化粧水をつけて、たっぷりお肌をうるおわせて、乾燥から守るのが第1の役割です。

A❷乳液や美容液に通り道をつくる

第2の目的としては、お肌を柔らかくし、あとからつける乳液や美容液を浸透させやすくする働きがあります。

こうすることで、乳液や美容液の通り道をつくり浸透させやすくする働きがあります。

ただうるおいを与えるだけなら、水道水でもいいのじゃないかと思われる人もいると思いますが、これは大きな間違いです。

水道水と化粧水では大きな違いがあります。

それは、うるおいを維持するという点で違うのです。

水道水は、単なる水ですから、うるおいを保持することは難しいですが、化粧水にはうるおいを保持するための成分が入っています。

有名な成分というとコラーゲンやヒアルロン酸などです。

水は、つけてもすぐに蒸発してしまい、ほとんど意味がありません。

ですから、化粧水でしっかりお肌をうるおわせてあげる必要があります。

化粧水をつけるのは、お肌のトラブルを防ぐためです

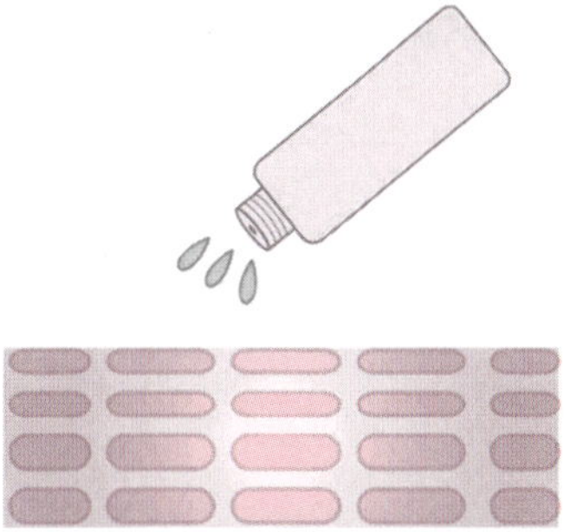

お肌がうるおっているとトラブルになりにくいのです。

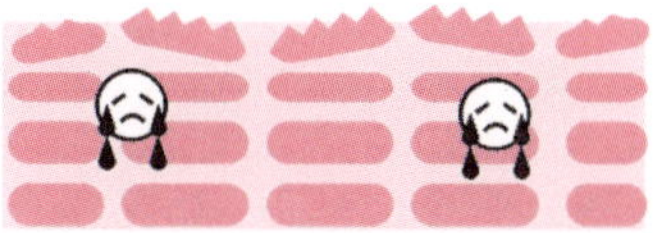

お肌が乾燥しているとトラブルになりやすいのです。

お肌の乾燥と関係が深いお肌のトラブル！

シミ　シワ　くすみ　たるみ　にきび

Q39 化粧水って何歳からつければいい

A❶基本的には10代後半がおすすめ

化粧水をつけ始める年齢は人によって違います。

その理由は、生活環境やメイクを始める時期によって異なってくるからです。

最近では、１年中室内環境が整った場所での生活や若い年齢からのメイクによりお肌の老化が早まっています。

化粧水は、10代後半（高校２年生ぐらい）から使い始めることをおすすめします。

化粧水は、10代後半（高校2年
生ぐらい）から使い始めること
をおすすめします。

A❷高保湿化粧水を使う必要はない

あまりに若いうちからお母さんの化粧水や高額で有効成分がたくさん入っている化粧水を使う必要はありません。

お肌にはもともと自分でうるおいを保持する力が備わっています。

したがって、年齢の若いうちからこのような商品に頼りすぎると、お肌がどんどん怠けてしまい、年齢とともにどんどん高保湿の化粧水を使い続けないといけないことになります。

こうすることで、さらに老化が早まります。

必要以上に高保湿高品を使うことはありません

高保湿
化粧水
化粧水
価格が1万円以上
するような化粧水
年齢が若いうちから高額で高保湿商品を使いすぎると、お肌が怠けてしまい、逆に老化を早めてしまいます。

Q40 化粧水ってどうやって選んだらいい

A❶年齢や肌質によって選ぶ

口コミや価格などで選ぶ人がいますが、これは大きな間違いです。

人のお肌はそれぞれ質が違いますし、抱えているトラブルも異なります。

化粧水を選ぶ際に大切なことは、年齢や自分の肌質によって選ぶことと、抱えているお肌のトラブルに合わせて選ぶことが大切です。

化粧水は口コミや価格などだけで選んではいけません

A❷自分のお肌の状況を確認したうえで選ぶのが正解

人のお肌は、年齢によって必要としている水分量は違いますし、化粧品メーカー側も年齢やトラブルによって化粧品に入っている成分も異なるため商品を分けています。

そのため、今自分のお肌がどのような状態かを確認したうえで選ぶのが正解です。

例えば、お肌の乾燥やハリが気になるようでしたら、コラーゲンやヒアルロン酸などの保湿成分がたくさん配合している商品を選ぶようにするといいでしょう。

A❸成分をみる

化粧品には、全成分表示といって、入っている成分の表示が義務づけられています。横文字でわかりにくいですが、しっかり成分を見るのも大切なことです。

この成分表示は、成分の入っているものが多い順に記載されています。

ですから、コラーゲンやヒアルロン酸アスタキサンチンなどの保湿成分が上に記載されているものを選ぶといいでしょう。

自分ではなかなかわかりにくいという人は、化粧品カウンターなどでカウンセリングを受け、納得した状態で商品を選ぶことをおすすめします。

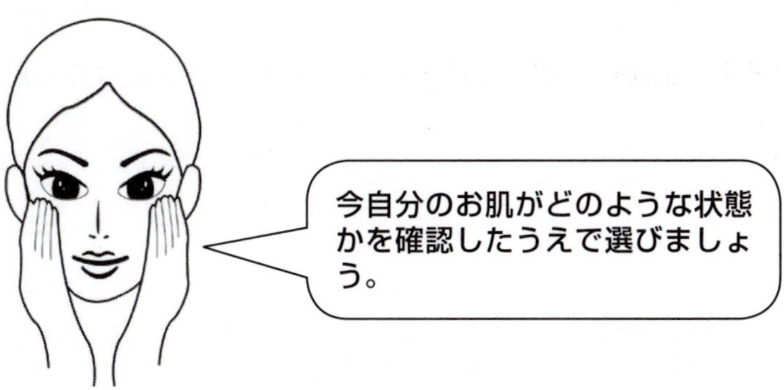
今自分のお肌がどのような状態かを確認したうえで選びましょう。

Q41 化粧水ってどうやってつければいい

A❶手でつけるのがおすすめ

化粧水のつけ方には、主に２つの方法があります。

手でつける方法と、コットンに化粧水を浸み込ませてつける方法です。

これも賛否両論ですが、筆者がおすすめするのは、手で化粧水をつける方法です。

理由は、お肌の状態を手で確認できることと、お肌へのうるおいが浸透した感触が手のほうがわかりやすいからです。

A❷手でつけるとことによってお肌の状態がいつもわかる

洗顔を終了した後、化粧水をつけながら手で触ることにより、お肌のざらつきなどの状態を確認することができます。

こうすることで、お肌の状態を日々確認することができ、美容液を追加したり、乳液を多めにつけたり、保湿クリームを追加したりとその後のケアにアレンジができるからです。

また、化粧水がお肌にしっかり浸透すると、手を離す際にお肌がはりつき一緒に持ち上がる感覚があります。

この感覚があれば、お肌がうるおったサインです。

こうした細かいお肌への気づかいが美しく輝き続けるお肌を育てます。

化粧水をつける方法は2種類あります

手　　　コットン

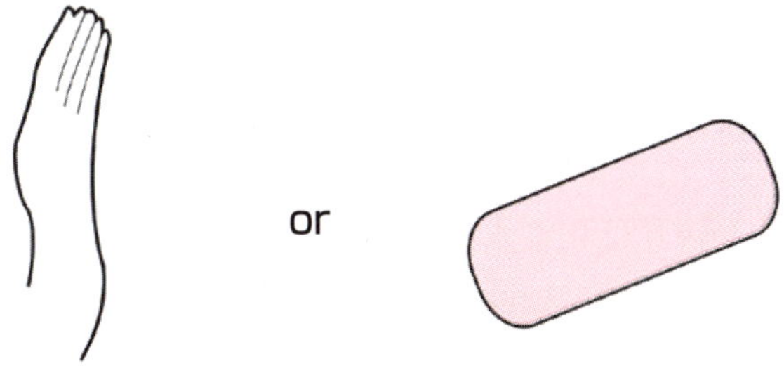
or

今日は少し乾燥してるかも？

手でつけるとお肌の状況がわかりやすいです。

Q42 化粧水ってどのタイミングでつければいい

A❶クレンジング洗顔終了後できるだけ早く

化粧水をつけるタイミングは、クレンジング・洗顔終了後できるだけ早くつけるのが効果的です。

A❷夜のお風呂上がりにすぐに

化粧水は、お風呂上がりにすぐにつけます。

お風呂上がりは化粧水の浸透する道筋の毛穴が開いている状態なので、毛穴が開いているうちに化粧水をつけることがたくさんのうるおいをお肌に届けるためのポイントとなります。

化粧水をつけるタイミング

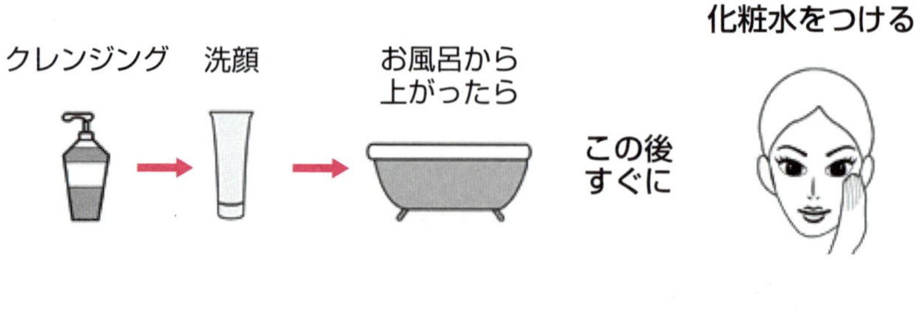

クレンジング
洗顔
お風呂から
上がったら
この後
すぐに
化粧水をつける

Q43 化粧水は朝もつける必要があるってなぜ

A❶朝もつけることでメイク崩れを予防する

朝時間がないからという理由で化粧水をつけない人もいますが、しっかりつけることで、メイク崩れの予防につながります。

メイクの前にしっかりお肌にうるおいを与えることで、お肌の状態が整いメイクのりもよくなりますし、下地ののびやメイク浮きを防ぐことになります。

A❷ぬるま湯で洗顔した後にできるだけ早くつける

ぬるま湯で洗顔した後、タオルで軽く水を拭き取り、そのあとできるだけ早くつけることをおすすめします。

朝、化粧水をしっかりつけることでメイク崩れの予防につながります

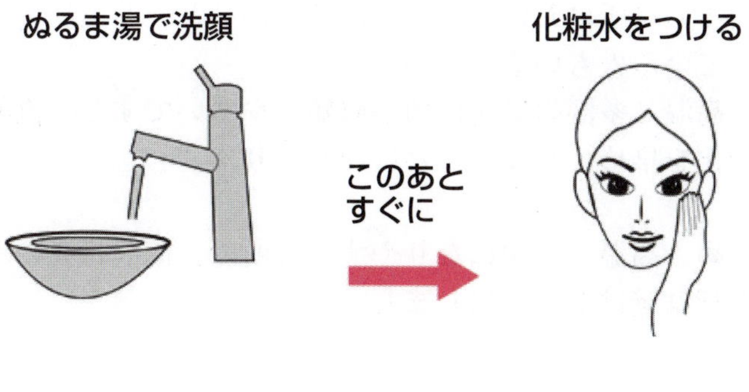
ぬるま湯で洗顔
このあとすぐに
化粧水をつける

Q44 化粧水は冷蔵庫で保管するってホント

A❶必ずしも冷蔵庫の保管がよいというわけではない

最近、一層お肌のことを考えられた無添加化粧水や防腐剤の配合を極力抑えた化粧水が人気を集めています。

そういった化粧水を使うには保管に対しても気を使わないといけない！　と思っている人も多いはずです。
そこで、よく耳にするのが化粧水を冷蔵庫で保管をしたほうがよいという話です。

お風呂上がりの毛穴は開きがちなので、冷たくした化粧水を使えば毛穴の引き締めが期待できます。

ただ、必ずしも冷蔵庫で保管したほうがいいというわけではありません。
入っている成分によってはあまり冷やさないほうがいいものもありますので、メーカーに確認してみましょう。

A❷高温・多湿・直射日光のあたる場所は避ける

特に別々の場所においておくと面倒だからと、お風呂場に置いたままにしている人もいます。
でも、高温・多湿の場所は菌が繁殖しやすいですし、直射日光も商品の酸化を早めてしまうことにつながります。

そのため、高温・多湿になりやすい場所や、直射日光のあたる場所での保管は避けるようにしましょう。

冷蔵庫での保管は、入っている成分をよく確認しましょう

冷やしたほうが毛穴の引き締めに期待ができます。

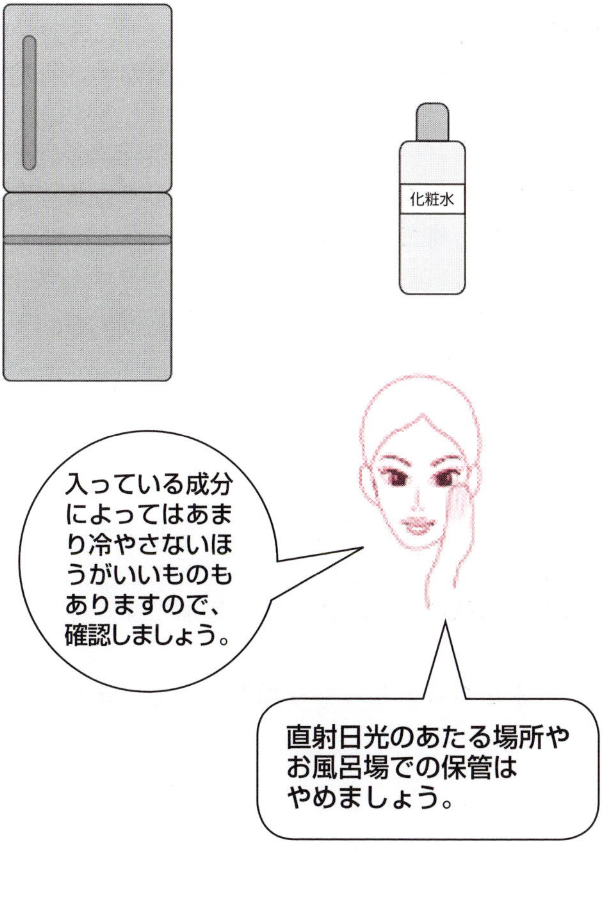
化粧水
入っている成分によってはあまり冷やさないほうがいいものもありますので、確認しましょう。
直射日光のあたる場所やお風呂場での保管はやめましょう。

Q45 取りすぎた化粧水って容器に戻しても大丈夫

A❶ 1度手に取った化粧水は使い切ろう

化粧水を手に取ったとき、多く取りすぎてしまった！　というようなことはよくあることです。

こんなとき、よく頭に浮かぶのは、もったいないから容器に戻そうという考えです。

これは絶対にしてはいけません。

容器に戻してしまうと、容器の中に菌が繁殖する可能性があります。

菌が繁殖した化粧水をつけてしまったらどうなるでしょうか。

想像するだけでも嫌ですよね。

残念ですが１度容器の外に出てしまったものは、使い切りが必要です。

A❷取りすぎてしまったら首や手などにつける

化粧水は、一般的に顔につけるものですが、もし多く取りすぎてしまったら首や手などにつけるようにしましょう。

首や手も顔と同様に年齢が出やすい場所です。

余った化粧水をつけてしっかり保湿してあげましょう。

1度出した化粧水は戻してはいけません！

もし化粧水を戻して
しまったら

容器の中

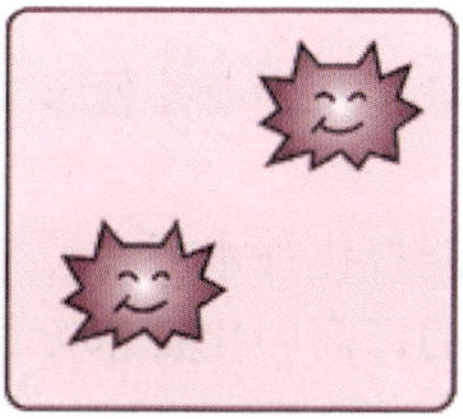

化粧水の容器の
中に菌が繁殖し
てしまいます。

1度容器の外に出してしまった
ものは、使い切りましょう。
多く取り過ぎたときは、首や手
などにつけましょう。

Q46 安い化粧水をたくさん使ったほうがいいってホント

A❶高価な化粧水をケチって使うよりいい

化粧水には、お肌にうるおいを与えて乾燥を防ぎ、様々なトラブルの予防をする働きがあります。

それを考えると安い化粧水でもたっぷり使ったほうがいいんじゃない！　というのが頭に浮かびます。これは時と場合によります。

高価な化粧水をもったいないからと使用量より少なく使っていては意味がありません。

年齢の若いうちだったら、それほど高機能な化粧水でなくてもお肌の働きがしっかりしていますので、価格的に高い化粧水を使わなくても、たっぷり使えるものを使うべきです。

A❷年齢を重ねたら、安い化粧水を使うだけではいけない

年齢が若いうちだったらお肌にうるおいをある程度与えるだけでそれを維持する力があります。

でも、年齢を重ねるとそれが難しくなります。

そのため、お肌にうるおいを与えるには、ただ与えるだけではいけません。

ただ与えるだけだったら、ただの水でもいいわけですが、実は、大切なのはそのうるおいを維持することです。

そのうるおいを維持するために必要なのが化粧水に多く使われている保湿成分です。

保湿成分は、実は非常に高価な成分が多く、価格の低い化粧水には製造コスト面のこともあってそれほど多く入れられないのが実情です。

年齢の若いうちは高価な化粧水を使わなくても、たっぷり使えるものがいいでしょう

年齢の若いうちは、高価な化粧品をケチって使うよりも、たっぷり使える化粧品を使うといいでしょう。

年齢を重ねたら化粧水の選び直しが必要です

たっぷりつけているのにうるおっていないかも。

Q47 化粧水はあっさりタイプとしっとりタイプのどちらがいい

A❶年齢やお肌の状態で決めよう

化粧水は大きく分けて2つのテクスチャーのものがあります。

あっさりタイプとしっとりタイプです。

どちらを使うかは、自分の年齢やお肌の状態によって決める必要があります。

基本的には、あっさりタイプは年齢が若い人が使用するようにつくられていて、しっとりタイプは、年齢が高い人が使用するようにつくられています。

A❷使い心地は人それぞれの好みがある

化粧水のテクスチャーは、人それぞれの好みがあります。

例えば、今まであっさりしすぎているものを使用していれば、しっとりしたものは、重たく感じます。

また、逆にしっとりしたものを使っていて人は、あっさりしたものは物足りなく感じます。

ですから、年齢やお肌の状態を考えたうえで、自分の好きなテクスチャーの化粧水を使うようにしましょう。

基本的にあっさりタイプは若い人向き、しっとりタイプは年齢の高い人向きです。

6 乳液編

乳液は、化粧水に比べて、あまり重要視されていないようです。

しかし、乳液は、化粧水が与えたうるおいを閉じ込める、とても大切な働きをしています。

この⑥では、乳液の基本知識から応用のポイントをマスターしましょう。

バリアする

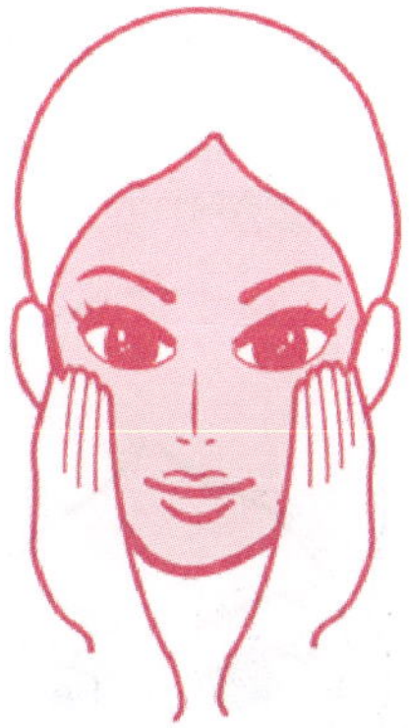

Q48 乳液をつける目的は

A❶化粧水で与えたうるおいを閉じ込めるため

乳液は、化粧水で与えたうるおいを閉じ込める働きをします。

乾いたお肌にうるおいを与えれば、もちろんうるおいますが、大切なのは、そのうるおいを蒸発させないことです。

せっかく与えたうるおいが、すぐに蒸発してしまっては何の意味もありません。

乳液は、うるおいを与えた後、お肌の表面に油膜をはり、うるおいの蒸発を防ぐ働きをします。

この働きをすることでお肌の乾燥を防ぎます。

A❷お肌の表面をやわらかく保つため

さらに、お肌を柔らかくする働きがあります。

お肌を柔らかく保つことで、皮膚に柔軟性を与えシワを防ぐことにもつながります。

乳液は、化粧水で与えたうるおいを閉じ込め、お肌の乾燥を防ぐ働きをします。

化粧水しかつけていない場合は、うるおいがなくなります

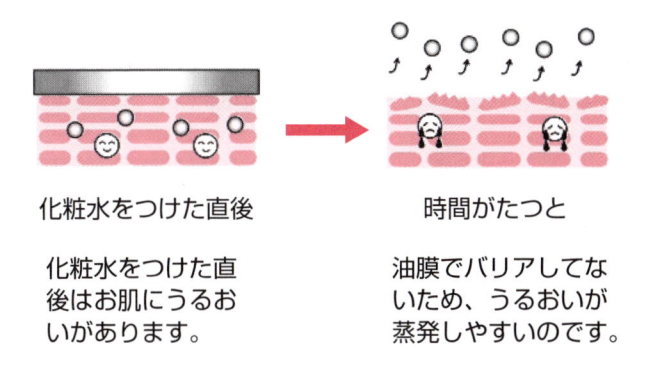

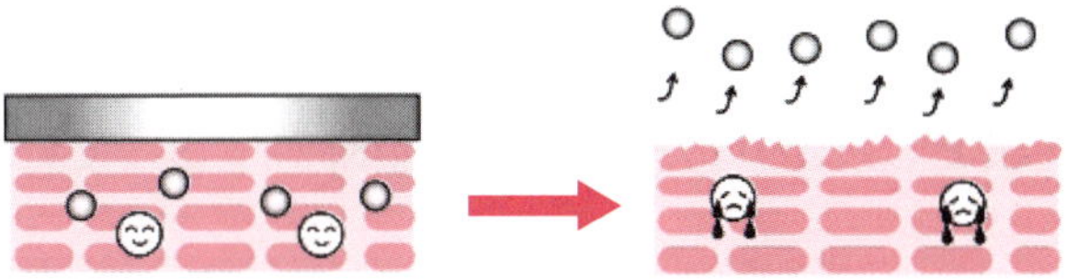

化粧水をつけた直後

化粧水をつけた直後はお肌にうるおいがあります。

時間がたつと

油膜でバリアしてないため、うるおいが蒸発しやすいのです。

化粧水の後に乳液をつけた場合は、うるおいが蒸発しにくくなります

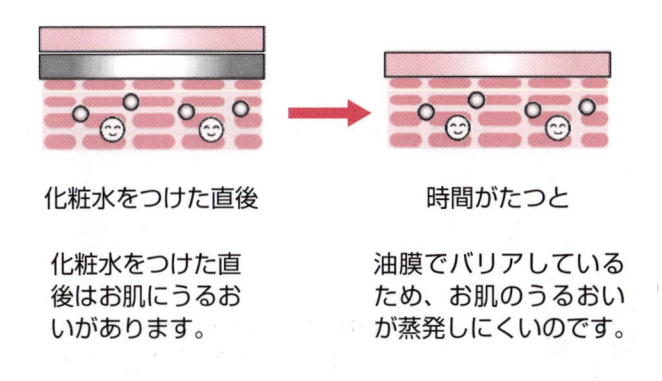

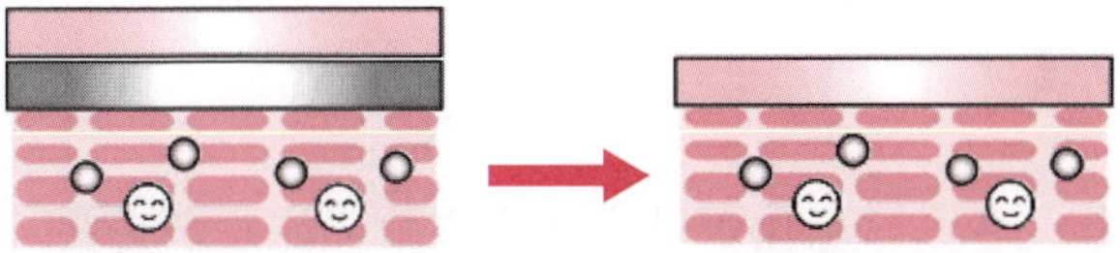

化粧水をつけた直後

化粧水をつけた直後はお肌にうるおいがあります。

時間がたつと

油膜でバリアしているため、お肌のうるおいが蒸発しにくいのです。

Q49 乳液って何歳からつければいい

A❶化粧水の使い始めと同じぐらいの年齢から

乳液をつけ始めるのは、基本的に化粧水を使い始める時期と同じ頃です。

最近では、中学生や高校生などでメイクをする女性が増え、クレンジングや洗顔でしっかり汚れを落とす年齢が早まっています。

そのため10代後半（高校２年生ぐらい）から化粧水を使い始める女性も増えています。ですから、それに合わせて使い始めることをおすすめします。

A❷年齢の若うちから高機能な製品に頼りすぎると老化のもとに

あまりに若いうちからお母さんの乳液や高額で有効成分がたくさん入っている乳液を使う必要はありません。

お肌にはもともと自分でうるおいを保持する力が備わっていて、年齢の若いうちは、皮脂（自分のお肌から出る天然の保湿クリーム）の出る量が多いため、高機能な乳液に頼りすぎるとお肌がどんどん怠けてしまいます。

こうなると、さらに老化が早まりますので注意が必要です。

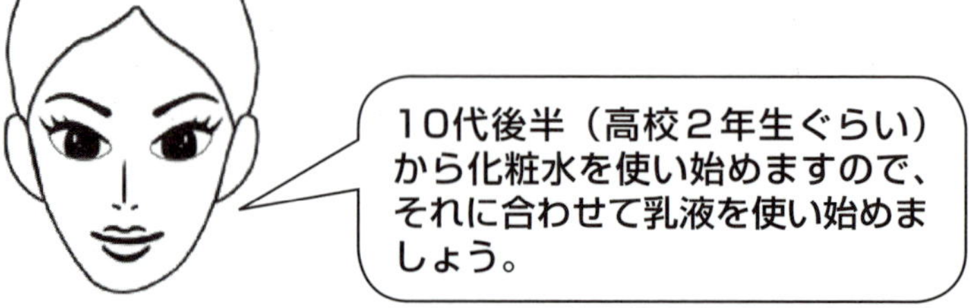
10代後半（高校２年生ぐらい）から化粧水を使い始めますので、それに合わせて乳液を使い始めましょう。

Q50 乳液ってどうやって選んだらいい

A❶乳液は年齢や肌質によって選ぶ

口コミや価格などで選ぶ人がいますが､これは大きな間違いです。

人のお肌はそれぞれ質が違いますし、抱えているトラブルも異なります。

ですから、乳液を選ぶ際に大切なことは、年齢や自分の肌質によって選ぶことと、抱えているお肌のトラブルに合わせて選ぶことが大切です。

人のお肌は年齢によって、必要としている油膜の量は違います。

化粧品メーカー側も、年齢やトラブルによって乳液に入っている成分も違えるなど製造を分けています。

そのため、今自分のお肌がどのような状態かを確認したうえで選ぶのが正解です。

A❷お肌のトラブルに合わせて選ぶ

乳液を選ぶ際に大切なことがもう１つ。

それはお肌のトラブルの状態に合わせて選ぶことです。

例えば、にきびなどに悩んでいる人は、オイリータイプの乳液を選ぶ必要はありませんし、乳化成分や油成分の多いものを選ぶべきではありません。

基本的には使っている化粧水と同じメーカーやラインのものを使用すると相性がいいようになっています。

また最近では、肌質タイプなどの乳液が発売されていますので、化粧品カウンターなどに相談してみるのもよいでよう。

Q51 乳液ってどのタイミングでつければいい

A❶まずはしっかり化粧水で保湿

乳液をつけるタイミングは、基本的に化粧水の後です。

化粧水の前に乳液をぬってしまうと、油膜が邪魔をして（水と油は混ざらないため）化粧水がお肌に入りにくくなるからです。

A❷保湿の後に油膜のベールをはる

乳液の役割は、与えたうるおいに油膜のベールをはり、化粧水で与えたうるおいの蒸発を防ぐことです。

もし、美容液などを使っている人がいたら、
化粧水→美容液→乳液
という順番でつけましょう。

メーカーによっては、化粧水より乳液を先につけることをすすめるところもありますが、基本的には化粧水を先につけるのが一般的です。

化粧水より乳液を先につけること
をすすめるメーカーもあります。
でも、化粧水を先につけるのが一
般的です。

乳液をつけるタイミングは基本的に化粧水の後です

クレンジング
洗顔
お風呂から
上がったら
すぐに化粧水
化粧水
化粧水でしっかりうるおいを与えたら
乳 液

乳液を先につけた場合

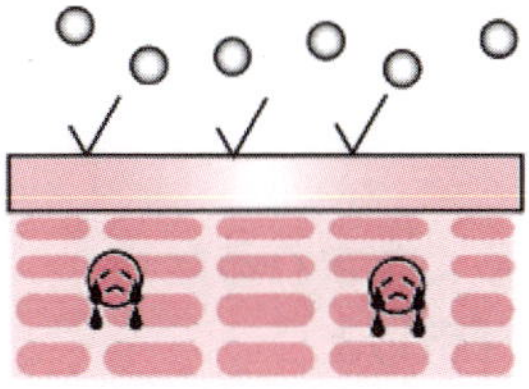

乳液の油膜が邪魔をしてお肌にうるおいが入りにくいのです。

乳液を後につけた場合

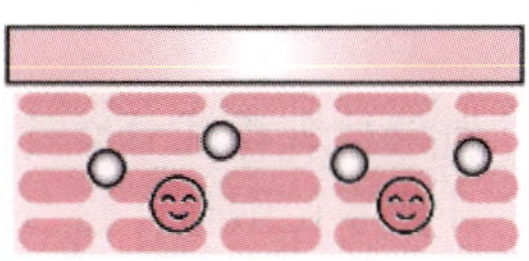

うるおいがお肌にしっかり入った後だと蒸発しにくくなります。

Q52 乳液ってどうやってつければいい

A❶手のひらで１度なじませる

乳液をつける際に注意したいのがつけ方です。

容器から出してすぐにつける人がいますが、１度手のひらでしっかりなじませてからつけるようにしましょう。

乳液には、乳化成分がたくさん含まれていているため、均一にするためになじませることが大切です。

乳液は１度手でなじませます

乳液は乳香成分や安定剤が多く含まれるため、
１度手に取り、しっかり混ぜましょう。

A❷重点的につけるのは、目の周りや口周り

額や鼻筋に比べて、目の周りや口の周りは顔の中でも乾燥しやすい場所です。

特に目の周りは、ちょっとした乾燥がすぐに小じわになります。

そのため、化粧水同様、しっかり保湿することが大切です。

鼻筋やほほに比べて少し多めにつけるようにすることで、お肌のトラブルの予防につながります。

また、これとは逆でにきびなどに悩んでいる人は、乳液の量を少なめにするように調整してつけるようにしましょう。

目の周りは乾燥しやすいのでたっぷりつけます

顔の中でも目の周りは、特に乾燥しやすい場所です。
目の周りにも乳液をしっかりつけましょう。

Q53 乳液は朝もつける必要があるってなぜ

A❶朝も乳液をつけることでメイク崩れを予防する

朝時間がないからという理由で化粧水をつけないという人もいますし、乳液もつけない人がいます。

でも、これはお肌を乾燥させることにつながります。

乾燥したお肌は、メイクのノリも悪くなり、ファンデーションを厚く塗ったりすることによって違和感が生まれたり、お肌が皮膚呼吸できなくなり、くすみを招きます。

化粧水と乳液の両方をしっかりつけることで、お肌の状態が整いメイクのりもよくなりますし、下地ののびやメイク浮きを防ぐことになります。

A❷メイク下地の量を減らすことが可能

乳液には､化粧水のうるおいの蒸発を防ぐ油分が含まれています。

実は、この油分、メイクの下地になるものもあります。

乳液をしっかりつけることでメイクの下地の量を減らすことも可能です。

朝もしっかり乳液を
つけましょう。

Q54 30代からはしっとりタイプの乳液を使ったほうがいいってホント

A❶お肌の状態を確認したうえで使う

人のお肌はそれぞれ違う性質を持っています。

たしかに、20代後半より、お肌のうるおいを守るための皮脂の量が減るのは確かですが、すべての人たちが減るというわけではありません。

ですから、自分のお肌の状態を確認したうえでしっとりタイプの乳液を使うようにしましょう。

ただし、必要以上にしっとりするものは、お肌が怠けてしまい、皮脂の出る量が減ることがありますので注意しましょう。

A❷オイリー肌の人はあっさりタイプを使おう

30代を過ぎてもお肌がオイリーで、乳液をつけるとなんだかお肌がベトつくと感じたことがある人も多いです。

こういった感じがある人は、無理にしっとりタイプの乳液を使う必要はありません。

むしろ、あっさりタイプの乳液やつける量を考えてつけるようにしましょう。

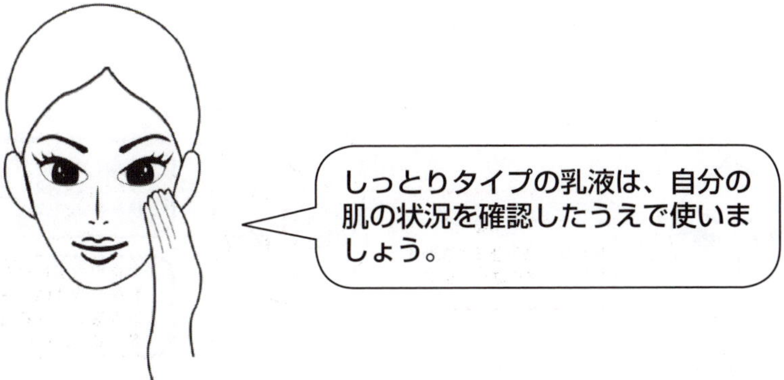
しっとりタイプの乳液は、自分の肌の状況を確認したうえで使いましょう。

Q55 にきびがあるときは乳液を使わないってホント

A❶にきびがあるときも使おう

にきびがあるからといって乳液を使わない人がいますが、これは大きな間違いです。

乳液にはたしかに、油成分が入っていますが、これがにきびを引き起こしている原因である可能性はかなり低いのです。

また、にきびだけを気にして乳液をつけないとお肌が乾燥してしまい、角質が硬くなり、さらににきびを引き起こす可能性もあります。

A❷乳液をつける量を調整すれば大丈夫

とはいっても、乳液にはたしかに油成分が入っているので、にきびの原因にまったくならないといったらウソになってしまいます。

そこで、大切になってくるのが、乳液をつける量を調整することです。

にきびのできている場所やＴゾーン（額から鼻先の部分）は乳液をつける量を少なめにして、目の周りなどの乾燥しやすい場所は、多めにつけるように調整することが大切です。

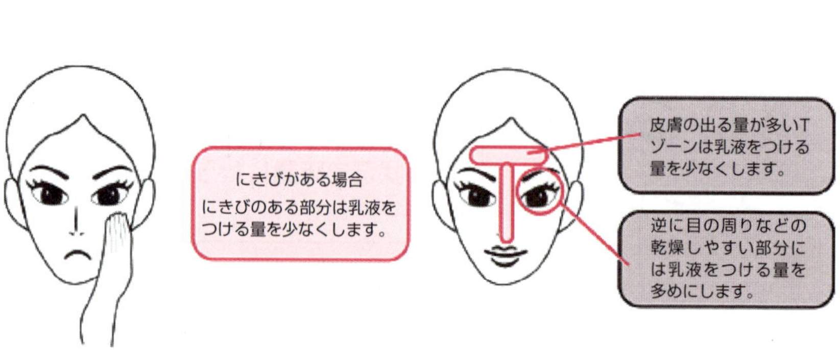
にきびがある場合
にきびのある部分は乳液をつける量を少なくします。
皮膚の出る量が多いTゾーンは乳液をつける量を少なくします。
逆に目の周りなどの乾燥しやすい部分には乳液をつける量を多めにします。

7 美容液編

お肌は、年齢とともに、自分の力だけでは美肌を保つことが難しくなります。

そんなときに活躍するのが美容液です。

正しい使い方をすれば、きっとあなたのお肌の救世主となるはずです。

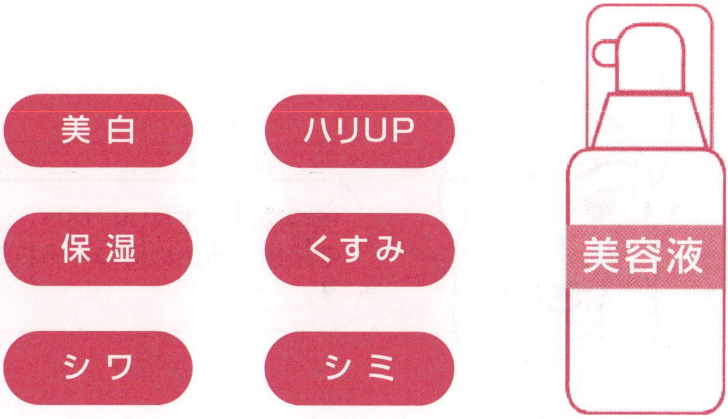

Q56 美容液ってなあに

A❶美容成分を濃縮して入れたもの

美容液とは別名エッセンスと呼ばれるもので、うるおいを与えたり、それを維持したりする成分や美白成分などの美容成分が濃縮して入っているものです。

保湿成分などは化粧水にも入っていますが、それより以上にたくさん入っているのが美容液だと思っていただけるとわかりやすいです。

そのため容量も少なめで、価格が高いです。

A❷女性の救世主

近年発売されている美容液は、本当に素晴らしいものが多く発売されています。

たくさんの研究をして、きれいになりたい女性を本気で応援するためにつくられているものが多いのです。

美容液は、きれいになりたい女性を応援するためにつくられています。

美容液は、化粧水のパワーアップバージョンのようなものです

化粧水　美容液

美容液に使われることの多い成分です

コラーゲン　アスタキサンチン

コエンザイムQ10　ヒアルロン酸

プラセンタエキス

保湿成分などがたくさん入っています。

Q57 美容液って何歳から使い始めればいい

A❶あなたの肌は本当に美容液が必要？

美容液を使い始める年齢は、特に決まってはいません。

どうして使い始める年齢が決まっていないのかというと、美容液にも様々なタイプの美容液があり、使う目的が人それぞれ違うからです。

中でも一番多いのが保湿やアンチエイジング目的です。

本来、人のお肌は自分自身で老化から守ろうとする働きが備わっていますが、年齢とともにその守ろうとする力が低下します。

A❷あまり若いうちからは使わないこと

そこで、それを補うためにつくられたのが美容液です。

ただし、注意が必要なのは、あまり若い年齢（10代後半～20代前半）のうちから美容液を使わないことです。

お肌にはもともと自分の力で元通りにしようとする回復力が備わっています。

ですから、あまり若いうちから美容液の力をかりてしまうと、自分自身の力でお肌を回復させようとする力が低下してしまいます。

これを続けることによってどんどんお肌が怠けてしまう結果、老化を早めてしまいます。

A❸乾燥しやすいだけですぐに美容液は使わない

また乾燥しやすいだけで美容液を使うというのも、注意が必要です。

乾燥の原因は、お肌の機能の低下だけでなく、使っているクレンジングや洗顔料の問題や、ケアの問題なども関係してきます。

ですから、お肌が少し乾燥しているからといって、すぐに美容液を使ってはいけません。

まずは原因と使う目的をしっかり考えてから美容液を使うようにしましょう。

あまり若い年齢のうちから美容液をしまっていませんか

ちょっと乾燥しているからお母さんの美容液使ってみようかな？

10代後半～20代前半の女性

10代前半や20代前半の女性はまだ美容液に頼る段階ではありません。
お肌が乾燥している原因が老化だと思い込む人もいますが、それは大きな間違いです。

Q58 美容液ってどうやって選んだらいい

A❶使う目的やお肌の状態を確認して選ぶ

前ページでもお話したように、美容液を使う目的は人それぞれ違います。

例えば、お肌のハリや乾燥が気になり始めたら、保湿成分がたくさん入っている美容液を選ぶべきです。

また、シミ、くすみに悩んでいる人でしたら、美白成分がたくさん入っている美容液を選ぶ必要があります。

周りのみんなが使っているから何となく使う、口コミが気になるから何となくということで使い始めてはいけません。

まずは自分のお肌の状態がどのような状態なのか、目的がなんなのかをはっきりさせたうえで選ぶ必要があります。

A❷価格やブランドだけに惑わされない

使う商品は、価格が高いものが必ずしもいいとは限りません。

まずは何のために使うのかを明確にしたうえで、美容液を見てみましょう。美容液についてわからない場合は、メーカーのカウンターで相談するのも１つの方法です。

そこで、自分が納得した説明が受けられるようなものを使うといいでしょう。

とくにトラブルの原因をしっかり説明してくれて、化粧品以外の対策なども話してくれるメーカーの美容液を使用するといいでしょう。

美容液は自分のお肌の状況を確認して選びましょう

まずは困っているトラブルは何なのか？
はっきりさせて選びましょう。

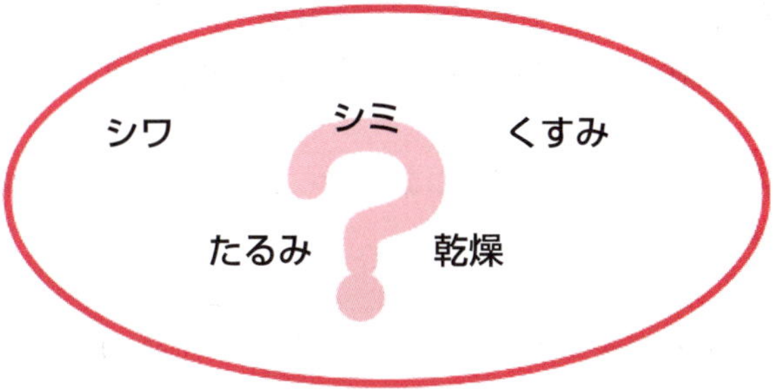
シワ
シミ
くすみ
たるみ
乾燥

どれにしようかな？

テレビ
雑誌
口コミ
新商品

Q59 美容液ってどのタイミングでつければいい

A❶基本的には化粧水の後につける

美容液をつけるタイミングは、基本的には化粧水をつけた後につけるのが一般的です。

なぜ化粧水の後なのかというと、化粧水でお肌をしっかりうるおわせて、美容液が通る道を確保できた状態で使うと効果的だからです。
水分をたっぷり含んだお肌はやわらかくなり、美容成分の浸透率も上がります。

ここでもう１つ疑問になってくるのが、乳液の問題です。
乳液の前に使ってしまう理由としては、乳液はお肌の表面に油膜のバリアをはってしまい、美容液の成分の浸透が悪くなる可能性があるからです。

せっかくの素晴らしい美容成分の浸透率を下げてしまっては意味がありませんよね！
ただし、メーカーによって化粧水の前につけたり、乳液の後につけたりすることもあります。
正しいつけ方については、メーカーに問い合わせることが大切です。

A❷夜、就寝前＋場合によっては朝もつける

美容液をつけるのは、夜がおすすめです。
人のお肌は就寝しているときに、１番回復をしようとする力が働きます。
その栄養の元となるのが美容成分です。

ですから、夜につけるのが、最も効果的な美容液のタイミングです。

ただし、夜だけ美容液を使えばいいというわけではありません。

極端にお肌が弱った状態や美容成分の中でも美白などの成分を多く使っているものでしたら、朝も化粧水と一緒に使うことをおすすめします。

美容液をつけるタイミングは、基本的には化粧水をつけた後です

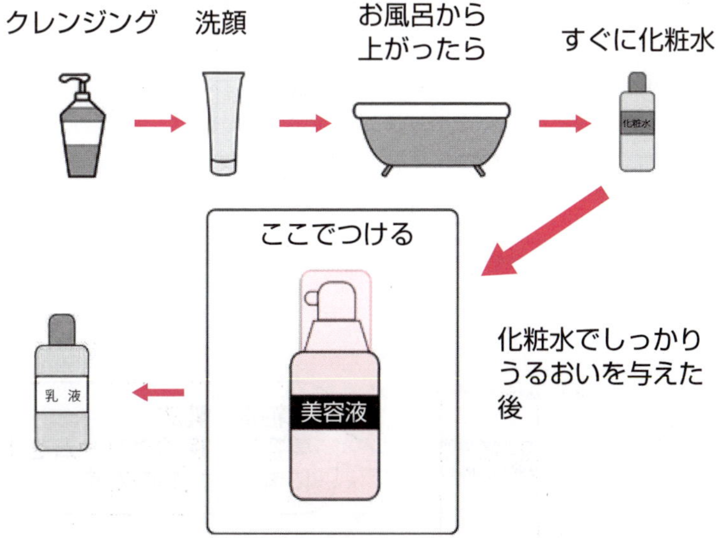

クレンジング
洗顔
お風呂から
上がったら
すぐに化粧水
化粧水
ここでつける
美容液
化粧水でしっかり
うるおいを与えた
後
乳 液

Q60 オールインワン美容液が いいってホント

A❶すべての商品にそれぞれの役割がある

化粧水、乳液、美容液などが１つのものにまとまったオールインワン商品を目にするようになりました。

１つひとつのケアが必要なく、時間のない女性にはもってこいの商品です。

オールインワン美容液は時間のないあなたには適しているでしょう

化粧水
乳 液
美容液
化粧水、乳液
美容液、保湿クリームを１つ
にまとめたものです。

しかし、すべての化粧品にはすべてに意味があります。

例えば、化粧水をつけた後に乳液をつけることにも意味がありますし、それぞれの良い点を１つにまとめることは非常に難しいことです。

A❷面倒くさがらずにケアしよう

お肌のケアは、毎日のことで大変なのはわかりますが、できればオールインワン美容液に頼らず、１つ１つのケアを確認しながら、お肌と触れあいましょう。

こうすることでお肌への愛情も生まれますし、その愛情にお肌が応えてくれると思います。

できれば、オールインワン商品に頼らずに、1つひとつケアを確かめながら、お肌と触れあいましょう。

Q61 美容液は効果があるってホント

A❶絶対効果があるとはいえない

よく美容液の効果は何日でますか、という質問を受けることがあります。

お肌のトラブルの原因は、間違ったスキンケア、間違った化粧品選び、加齢、食生活、生活習慣など、いろいろな原因が複雑にからみ合いトラブルになっています。

ですから、必ずしも効果が出る、何日でお肌のトラブルが解決できるとは断言できません。

それでは、美容液は使っていても意味がないの、と思われるかもしれませんが、使う意味はあります。

美容液は、化粧水、乳液、保湿クリームなどの商品に比べて有効成分がぎっしり詰まった商品です。

ですから、美容液で解決できる問題だったら、効果を発揮します。

A❷効果を発揮させるためには正しいスキンケアをしよう

いくら素晴しい成分がたくさん入った美容液を使っていたとしても、でたらめなスキンケアをしていれば、美容液に本当の力を発揮させることはできません。

正しいクレンジング・洗顔を行い（③、④章を参考）化粧水でしっかりうるおいを与えて、美容液がお肌の奥に入る道筋をしっかりつくってはじめて、美容液は本当の力が発揮できます。

8 保湿クリーム編

皮脂は、お肌のうるおいを守る、とても大切な働きをします。

しかし、皮脂の量は年齢とともに減少し、お肌の乾燥は進む一方です。

そんなお肌を助けるのが保湿クリームです。

この⑧では、保湿クリームの基本知識をマスターしましょう。

乳液だけでは物足りなくなったお肌へさらなる油膜のバリアをはります。

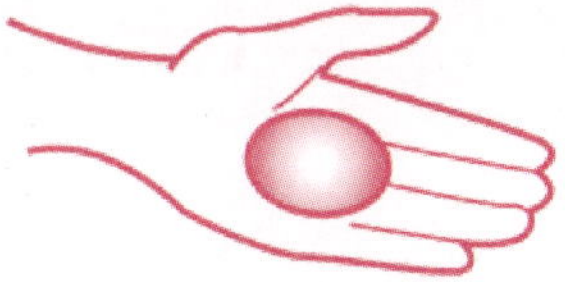

Q62 保湿クリームってなあに

A❶お肌のうるおいを守るためのクリーム

保湿クリームとは、お肌を保湿するためのクリームです。

保湿するだけなら、化粧水や乳液だけを使えばいいんじゃないの？　と思われる人もいると思いますが、それだけでは補えない場合に使用することを目的につくられたのが保湿クリームです。

10代や20代の頃は、お肌のうるおいを守るための皮脂の出る量が多いのですが、年齢を重ねるとともにその量は少なくなります。

お肌が乾燥しやすくなり、化粧水や乳液などだけでは、どうにもできなくなった頃に使用するのが保湿クリームです。

A❷乳液のパワーアップバージョンのようなもの

保湿クリームは乳液に比べ、お肌にうるおいを閉じ込めるための油膜成分がたくさん入っているものが多く、その油分でお肌をカバーします。

そのため、乳液よりはつけ心地が重たいものが多いです。

お肌が乾燥しやすくなり、化粧水や乳液などだけではどうにもできなくなったときに使用します。

保湿クリームは、化粧水や乳液などではどうにもできなくなったときに使用します

保湿クリームは乳液のパワーアップバージョンのようなものです。

乳　液　　　　　　　　保湿クリーム

例）　乳液の配合割合

水分量　50%	油分　50%

例）　保湿クリームの配合割合

水分量 30%	油分　70%

保湿クリームは、乳液より油分の量が多く、皮脂の分泌が少なくなりはじめてお肌が乾燥する人が使用することが多いのです。

Q63 保湿クリームって何歳から使うのがいい

A❶年齢よりお肌の状態や季節などに応じて使う

保湿クリームを使い始める年齢は決まったものはありません。

一般的に40歳以降の女性の場合、皮脂の出る量が極端に少なくなってきますので、目安としては40歳ぐらいから使用することをおすすめします。

A❷年齢の若いときは、乳液で大丈夫！

お肌に状態が安定しているのに無理やり使うことはありません。

若い年齢（10代や20代から）の人が無理やり保湿クリームを使うと、お肌が怠けてしまい、どんどん自分で皮脂を出さなくなってしまいます。

その結果、老化を早めてしまうことになります。

少しお肌が乾燥しているからといって安易に使うのはやめましょう。

目安としては、40歳ぐらいの女性の使用をおすすめします。

Q64 保湿クリームって どうやって選んだらいい

A❶まずは自分のお肌の状態を確認する

保湿クリームに限らず、化粧品の選び方では、まず自分のお肌がどのような状態にあるのか、しっかり確認して商品を選ぶ必要があります。

保湿クリームが必要な人は、お肌がとても乾燥する人（季節などに関係なく）です。

自分がオイリー肌だと感じている人は、周りの人に合わせて無理に保湿クリームを使う必要はありません。

お肌の状態は自分ではなかなかわかりにくく、化粧品カウンターなどで相談するのも１つの方法です。

まずはお風呂上がりや朝起きたときなどに自分の手で触れてみて、確かめることが大切になります。

A❷サンプルをもらって試してみよう

お肌が極端に乾燥している状態であれば、つけ心地が少し重い製品、少しだけの乾燥であれば、つけ心地の軽い製品を選ぶようにしましょう。

いずれにしても、１度試してみないとつけ心地はわかりませんので、メーカーのサンプルやトライアル製品があるものを使用して確認することが必要です。

保湿クリームが必要なのはお肌が乾燥する人です

どれにしようかな？

テレビ
雑誌
ロコミ
新商品

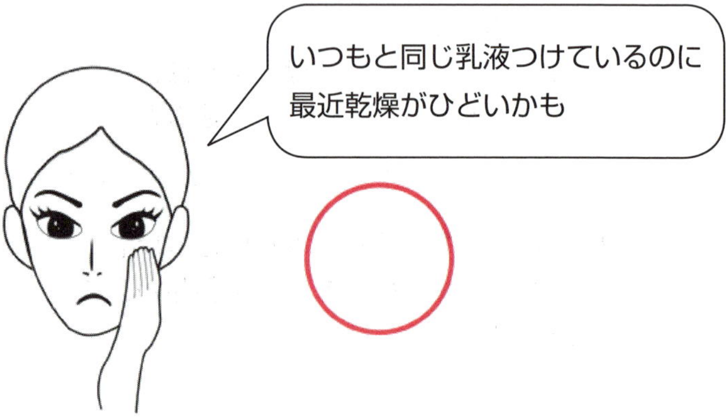
いつもと同じ乳液つけているのに
最近乾燥がひどいかも

まずはお肌の状態を確認しましょう。

Q65 保湿クリームって どのタイミングでつければいい

A❶乳液の後につけるのがおすすめ

保湿クリームをつけるタイミングは、乳液の後につけます。

化粧水でしっかりお肌にうるおいを与えた後に、乳液でそのうるおいを逃がさないためにお肌の表面にバリアをはります。

そのあとに、さらに強い油膜をはり、うるおいの蒸発を防ぎます。

特に冬場のシーズンは室内が乾燥しがちですから、夜就寝前に塗ることで就寝中にうるおいが蒸発するのを防ぎます。

A❷目の周りは重点的に！

目の周りは、特に皮脂の出にくい場所で乾燥しやすい場所です。

他の場所より重点的につけるようにして、目の小じわを防ぎ、いつまでも若々しい目元を保ちましょう。

目の周りは、他の場所より重点的につけるようにして、目の小じわを防ぎ、いつまでも若々しい目元を保ちましょう。

保湿クリームをつけるタイミングは乳液の後です

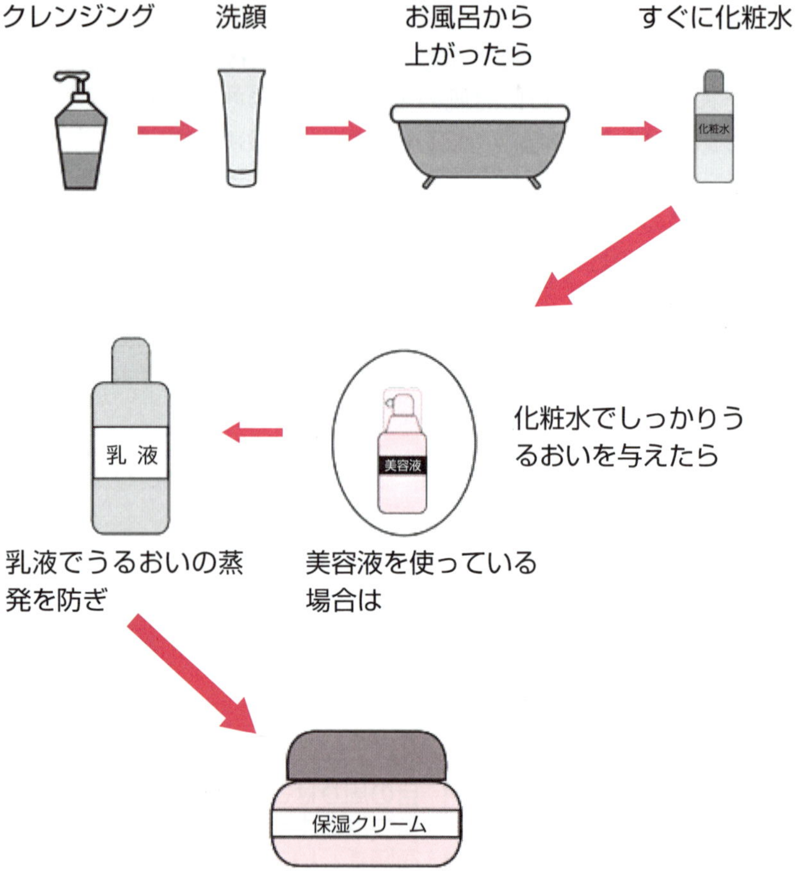

クレンジング
洗顔
お風呂から
上がったら
すぐに化粧水
化粧水
化粧水でしっかりう
るおいを与えたら
美容液
美容液を使っている
場合は
乳 液
乳液でうるおいの蒸
発を防ぎ
保湿クリーム

最後に保湿クリーム
さらに重厚な油膜で
バリアをはります。

Q66 保湿ケアってなあに

A❶乾燥肌で悩んでいる人が自宅でできる乾燥対策

お肌のトラブルの中でも特に多いのが乾燥肌です。

肌質が乾燥肌というわけではないのに、季節的に乾燥しやすい、ある年齢の境に乾燥しやすくなったという人は少なくありません。

そこで、乾燥肌の原因とスペシャルケア方法です。

●自宅でできる乾燥肌対策

自宅にいながら簡単にお肌をうるおわせることのできる“うるおいパック”をご紹介したいと思います。

●準備するもの

化粧水、精製水（ドラックストアなどで簡単に手に入ります）、コットン、容器、サランラップ

A❷乾燥対策保湿パックのしかた

次ページの手順に従って、乾燥対策保湿パックを実行してみてください。

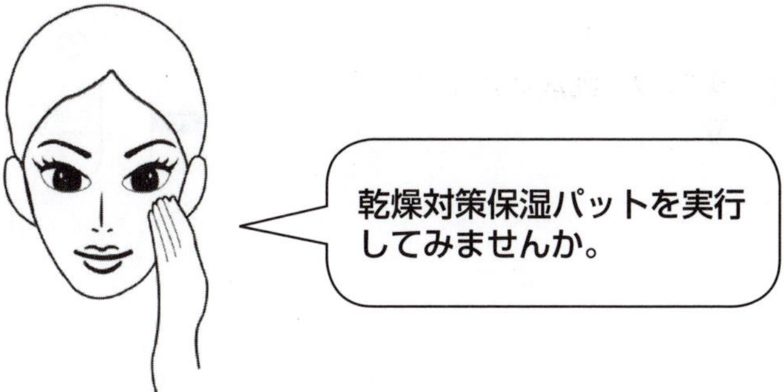
乾燥対策保湿パットを実行してみませんか。

乾燥対策保湿パック

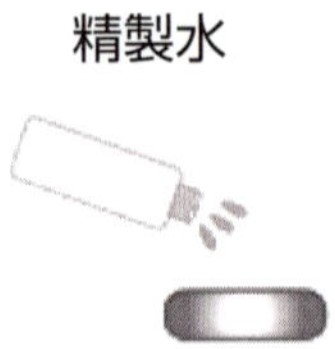

手順 1　コットンを精製水で湿らせます。
※絞れるぐらいたっぷり

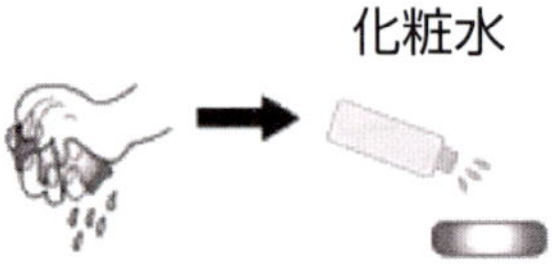

手順 2　湿わせたコットンを絞り今度は化粧水で湿らせます。
※絞れるぐらいたっぷり

手順 3　化粧水で湿らせたコットンを顔にのせます。

手順 4　鼻の部分をあけてサランラップを貼り 5 分待ちます。

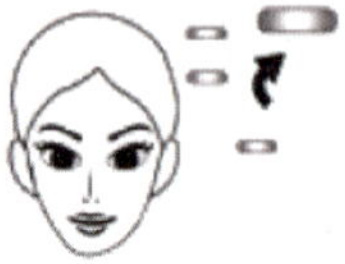

手順 5　サランラップとコットンをはがします。

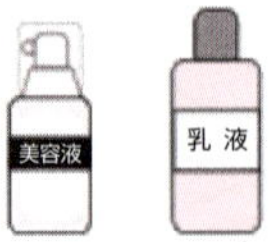

手順 6　美容液、乳液を通常通りつけます。

9 その他編

正しいスキンケアを行っていく中で大切になるのが、その周辺の知識です。

美肌を育てるキーワードから生活習慣まで、この⑨では詳しく説明していきます。

ここまでマスターすれば、きっとあなたのお肌は、美肌を獲得することができるでしょう。

Q67 皮脂ってなあに

A❶自分のお肌から出る天然の保湿クリーム

皮脂とは、自分のお肌から出る天然の保湿クリームです。

一般的に皮脂は、ベトつきやにきび、毛穴の黒ずみ原因になりやすいものと紹介されていることが多いのですが、皮脂は、どんな高価な保湿クリームより効果的な自分自身の肌に合った最高のクリームです。

A❷年齢や食生活などで分泌量が大きく違う

皮脂の出る量は、年齢や食生活によっても変わってきます。
例えば、糖分の摂りすぎや油物の食べ過ぎ、お菓子やチョコレートの食べ過ぎによっても出る量が多くなりますし、10代や20代の前半はホルモンの関係でたくさん出るといわれています。

これがいわゆるにきびになる原因の１つです。

しかし、一般的には、年齢を重ねると、出る量はどんどん少なくなります。
出る量が少なくなることで乾燥肌につながったり、シワやお肌が硬くなることにつながります。

皮脂が十分に出る人のお肌のしくみ

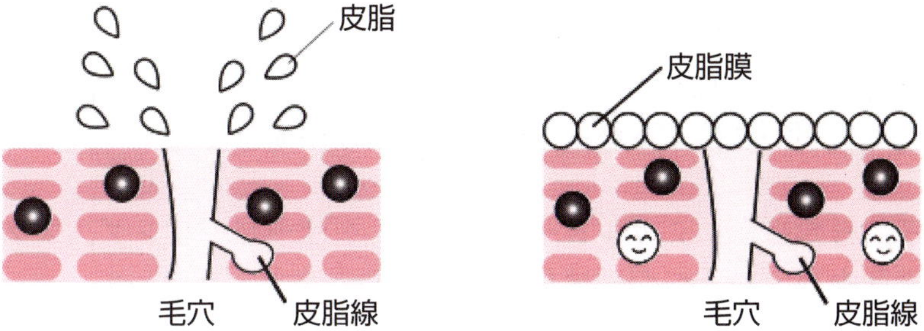

皮脂膜がしっかりしているため
お肌のうるおいを維持できます。

年齢を重ね皮脂が出にくくなった人のお肌のしくみ

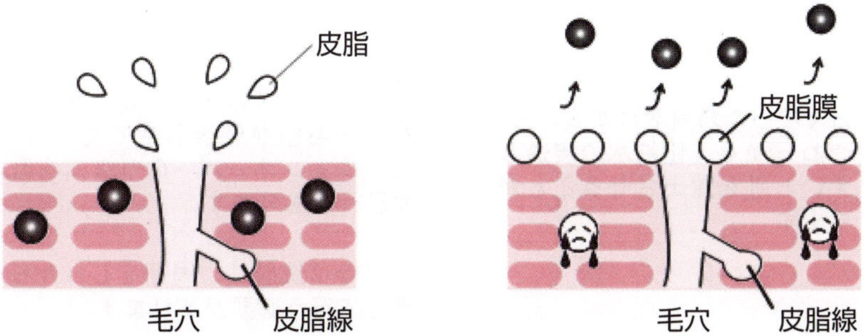

皮脂の出る量が減り、皮脂膜がしっかりできず、
お肌内部のうるおいが蒸発しやすいのです。

Q68 ピーリングってなあに

A❶古くなった角質をはがす行為

ピーリングとは、古くなった角質やターンオーバー（新陳代謝）の乱れで剥がれにくくなっている角質をはがす行為です。

その種類は、ケミカルピーリング、レーザーピーリング、スクラブ洗顔など、いくつかの種類があります。

ケミカルピーリングやレーザーピーリングは、専門の医者がする場合が多いのですが、スクラブ洗顔ピーリングは、自分でも手軽に行える方法として人気があります。

A❷メリットとデメリットをしっかり理解することが大切

ピーリングは、手軽に行えるセルフピーリングもありますが、まずはメリット・デメリットをしっかり理解することが大切です。

●ピーリングのメリット・デメリット

メリット	デメリット
・古くなった角質をはがし、白く、やわらかく、化粧水の浸透しやすいお肌を露出させることができます。	・ピーリング後のケアをしっかりしないとお肌が乾燥しやすくなり、またターンオーバーのリズムを乱す恐れがあります。 ・スクラブ洗顔は、周期をしっかり考えて行う必要があります。 ・敏感肌やアトピーの人には不向きです。

これらのことをしっかり理解していればいいのですが、基本的には、お肌は自分で自分のお肌を生まれ変わらせようとする機能が備わっていることを忘れないでください。

ですから、ピーリングに頼りすぎると、お肌がどんどん怠けてしまい、ターンオーバーのリズムも乱れやすくなってしまいます。

ピーリングのしくみ

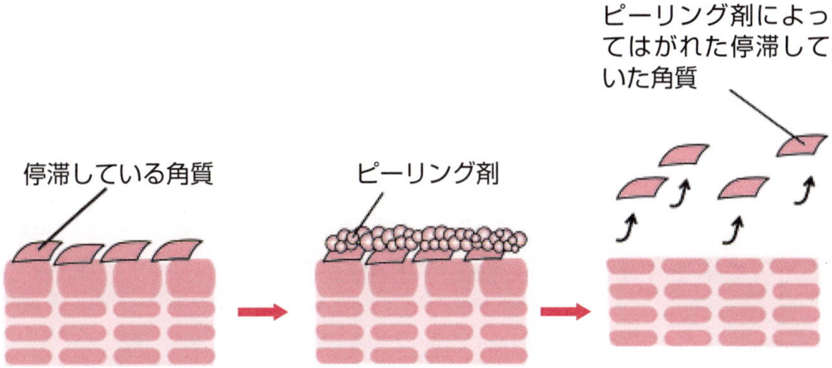
停滞している角質
ピーリング剤
ピーリング剤によってはがれた停滞していた角質

Q69 使っている化粧品メーカーがバラバラだけど大丈夫

A❶特に問題はない

使っている化粧品が別々の化粧品メーカーだからといって、必ずしも悪いというわけではありません。

お肌にトラブルが起きたりしなければ、化粧品メーカーがバラバラでも問題はないでしょう。

A❷ラインで揃えるのも効果的かもしれない

もちろん使う化粧品メーカーを統一したほうが、そのトラブルにおいての徹底研究がされているわけなので、相乗効果も期待できる可能性も高いです。

でも、必ずしもすべての化粧品が自分のお肌に合うというわけではありませんし、価格が高額で使うのをためらってしまうようであれば、意味はありません。

ですから、使う化粧品メーカーがバラバラでも問題ありません。

A❸価格が安く品質の悪い化粧品の組合せはよくない

ただ、質の良いものと質の悪いものを組み合わせることは、お肌にとってあまりよいものではありません。

使っている化粧品メーカーがバラバラでも特に問題はありません

クレンジング
Aメーカー
洗顔料
Bメーカー
化粧水
Cメーカー
化粧水
乳液
Dメーカー
乳液

ただし、あまりにも価格が安く品質の
悪いものの組合せは、いけません！

クレンジング
Aメーカー
洗顔料
Bメーカー
化粧水
Cメーカー
化粧水
乳液
Dメーカー
乳液

同じラインで揃えることで相乗効果も期待できるかも？

Q70 日焼け止めは１年中必要ってなぜ

A❶紫外線は１年中降り注いでいる

紫外線は、シミやシワなどを始めとしたトラブルから老化を早めるお肌の大敵です。

近年オゾン層の破壊が進み、紫外線の量も年々増え続け、１年中どの場所にいても降り注いでいます。

ファンデーションや基礎化粧品の中には、紫外線対策のための成分が配合してある商品も発売されていますが、それらの商品は、紫外線防止が本来の目的ではありません。

ですから、できればちゃんとした日焼け止めを１年中使用することをおすすめします。

A❷日焼け止めは選び方が大切

注意が必要なのは、その選び方です。

日焼け止めの選び方としては、季節やお出かけのスタイルによって数値の高いものを選んだり、低いものを選んだりして選び方を変える必要があります。

例えば、お散歩や短時間のお出かけの際は、ＳＰＦやＰＡの数値の低いもの（ＳＰＦ20程度のもの、ＰＡは＋ぐらいのもの）を使用します。

また、夏のシーズンや汗のかきやすい場所（海やプール、アウトドアスポーツをされる方）の場合は、それらの数値が高いものを使用することをおすすめします。

紫外線の強さ

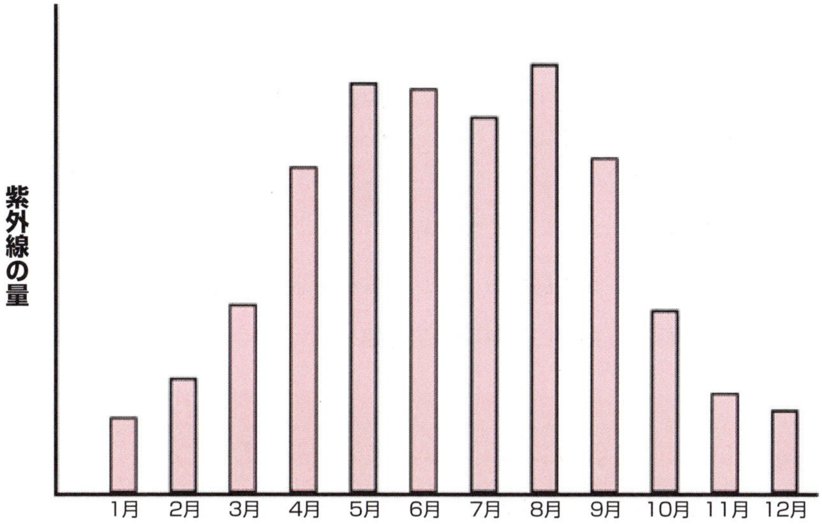

紫外線の量
1月
2月
3月
4月
5月
6月
7月
8月
9月
10月
11月
12月

日焼け止めを選ぶときに大切なことは選び方です

それは季節やお出かけになる場所に応じてSPFやPAの数値を変えることです。

夏なのか？冬なのか？
お買いものなのか？アウトドアなのか？
などによって日焼け止めを変える必要があります。

Q71 紫外線には種類があるってホント

A❶3つの種類がある

紫外線は、大きく分けて3つの種類があります。

UV－A、UV－B、UV－Cの3種類です。

① UV－A	地上に届く紫外線
② UV－B	大気層でカットされるが一部地上に届く紫外線
③ UV－C	地上に届かない紫外線

A❷特に注意するのはUV－AとUV－Bの2つ

UV－AとUV－Bの2つは、お肌にとって大きなダメージを与える紫外線です。

UV－Aは、表皮の部分を通り越し、真皮にまでダメージを与える紫外線です。

UV－Bは、表皮の部分にダメージを与える紫外線です。

UV－Aは、お肌に深刻なダメージを与え、シミやたるみの原因につながる可能性の高い紫外線です。

UV－Bは、日焼けやシミなどにつながります。

いずれにしても、UV－A、UV－Bの両方のダメージを防ぐことがきれいなお肌を守ることにつながります

紫外線の特徴とダメージ

UV-A

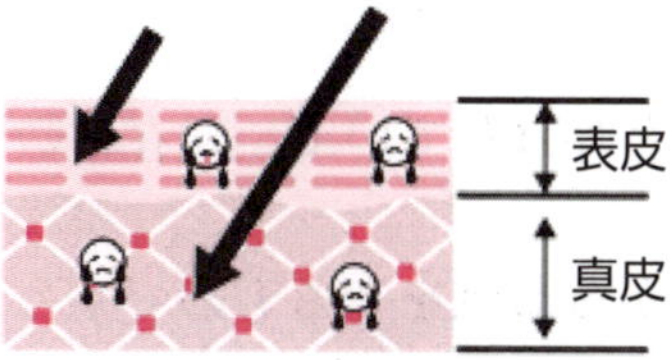
表皮
真皮

UV-Aはお肌の表皮の部分を通り越して真皮の部分にもダメージを与える紫外線です。

UV-Aは

シミやたるみの原因につながります。

UV-B

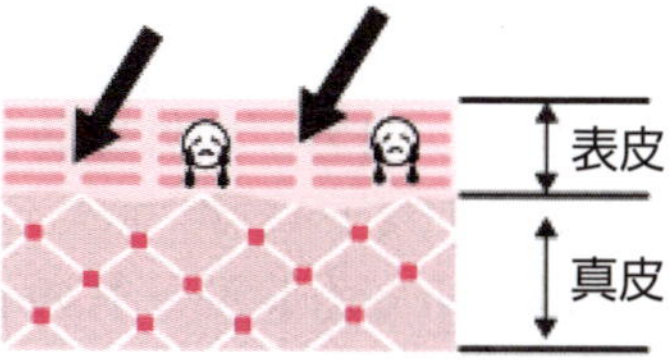
表皮
真皮

UV-Bはお肌の表皮の部分にダメージを与える紫外線です。

UV-Bは

主にシミや日焼けなどでお肌の炎症の原因につながります。

いずれにしても、UV-A、UV-Bの両方のダメージを防ぐことがきれいなお肌を守ることにつながります。

Q72 日焼け止めに書いてある ＳＰＦやＰＡってなあに

A❶ＳＰＦの数値は紫外線をカットできる時間の目安

ＳＰＦは、別名“紫外線防御指数”と呼ばれていて、現在は数字であらわされています。

紫外線の中でもＵＶ－Ｂのダメージからお肌を守るものです。

ＳＰＦの数値は何をあらわすのかというと、紫外線を浴びてもそれを防ぐことのできる時間の長さをあらわすものです。

SPF1　＝　15～20分紫外線を防ぐことができます

現在発売されている日焼け止めのSPF数値は
20～50の数値のものが多いです。

例えば　SPF20の日焼け止めを使っていたら
SPF1　＝　15～20分×20（SPFの数値）＝300～400分

つまり

５時間～５時間40分紫外線を防ぐことができます。

Ａ❷ＰＡは＋（プラスの数であらわされる）紫外線防御

ＰＡも、ＳＰＦ同様に紫外線防御指数と呼ばれていて、紫外線の中でもＵＶ-Ａのダメージからお肌を守るものです。

ＰＡは、「＋」の数であらわされていていています。

ＰＡはＳＰＦと違い３段階に分けられます

ＰＡ＋
ＵＶ－Ａの防御効果があります！

ＰＡ＋＋
ＵＶ－Ａの防御効果がかなりあります！

ＰＡ＋＋＋
ＵＶ－Ａの防御効果が非常にあります！

ＵＶ－Ａは、シミ、シワの大きな原因の１つです。

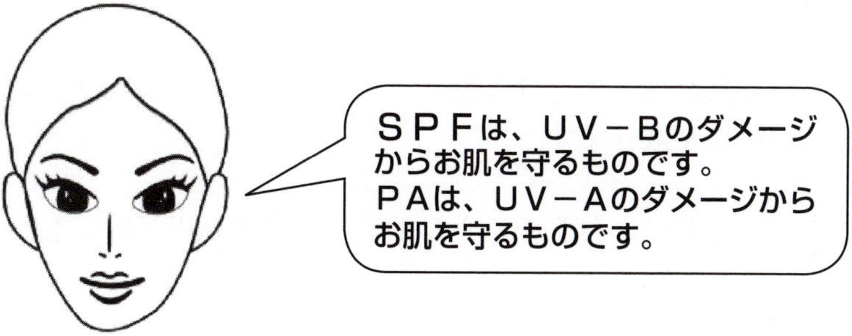
ＳＰＦは、ＵＶ－Ｂのダメージからお肌を守るものです。
ＰＡは、ＵＶ－Ａのダメージからお肌を守るものです。

Q73 日焼け止めは塗り直しが必要ってなぜ

A❶日焼け止めは１日に１度塗れば大丈夫？

日焼け止めは１日に１度塗れば大丈夫と思っている人も多いと思いますが、実は、これは大きな間違いです。

前ページのＳＰＦやＰＡを参考にお話しますが、ＳＰＦ20のものは、約５時間紫外線のダメージを防ぐことができます。

たしかに時間だけを考えれば、約５時間紫外線のダメージを防ぐことができるのですが、問題は、お肌へのダメージです。

A❷お肌へのダメージを考えよう

日焼け止めには、紫外線のダメージを防ぐための、油成分がたくさん含まれています。

この油は、汗や空気中のごみなどによって酸化する可能性が非常に高く、それがお肌に負担を与えてしまいます。

A❸約３時間に１度塗り直しをする

そのため、日焼け止めは塗り直しが必要になります。

いくら数値が高いものを使っていても、約３時間に１度塗り直しをすることが大切です。

古くなった油は、軽く拭き取り、新しい日焼け止めを塗ることでお肌への負担が減ります。

こうすることで、お肌のくすみや毛穴の黒ずみの予防にもつながります。

日焼け止めは3時間に1度は塗り直すとお肌は喜びます

日焼け止め塗り直し方法

①ハンカチを水で軽く濡らします。

②ハンカチを絞ります。

③肌についている日焼け止めを
軽く拭きます。

④日焼け止めを塗り直します。

⑤パウダータイプのファンデーションで
お肌を整えます。

Q74 化粧品は価格の高いものが効果あるってホント

A❶必ずしもそうとは限らない

化粧品の価格ってどうしてあんなに違うの？　と思われたことがあると思います。

使い比べてもみても、なんだかあまり違わないと思いませんでしたか。

もちろん、価格の高いものはそれなりの成分が使われている可能性は高いです。

逆に、極端に安いものには質がよいものをつくれるわけがありません。

つくっている化粧品会社からみれば、あなたに少しでもよいものを安く提供しようという気持ちがありますが、その反面、いい成分で効果が出る商品をお届けしたいと思っています。

化粧品の価格を左右するのは、使われてる原料（有効成分の量）やＣＭ量、カタログ、容器代などです。こうした様々なものが反映されて価格が決まっています。

ですから、価格で商品が効果あるのかどうかを見極めるのは非常に難しいことです。

そして必ずしも高い商品が効果的というわけではありません。

A❷化粧品の価格目安

ではいったいどうやって商品を選べばいいのでしょうか。それは、標準的な価格を選ぶことです。

化粧水	2500円～6000円
乳　液	2500円～6500円
クレンジング	2500円～5000円
洗　顔	2000円～4000円

程度の価格のものを選ぶようにするといいでしょう。

もちろん、この価格範囲以外のものが悪い商品、いい商品と決めつけるわけではありません。

A❸自分が求めるものが何かをはっきりさせてから見直す

また、価格もそうですが、まずは自分が何を求めているのか、原因はどんな部分にあるのかを知ることのほうがもっと大切なことです。

これを知らずに価格の高い商品がお肌のトラブルを解決してくれると思い込んでいたら、トラブルはいつになっても解決しないことになります。

それをはっきりさせたうえで商品を選ぶようにすると、いろいろな商品に惑わされなくなります。

まずは、自分のスキンケアの仕方が間違っていないかなど簡単に見直せる部分から見直して商品選びをしましょう。

Q75 化粧品の消費期限は

A❶メーカーによって異なる

化粧品の使用期限は、メーカーの商品ごとに違います。

最近では、無添加化粧品や防腐剤の配合の少ない商品もたくさん発売されているため、使用期限が統一されていません。

ただし、防腐剤などの配合の少ないものは、やはり商品が酸化したり、腐りやすいので、早めに使い切ることが大切です。

A❷商品の保管には注意が必要

高温・多湿の場所での保管や容器のふたを開けっ放しにした状態での保管はせずに、開封後は使用量をよく読み、早めに使い切るのがおすすめです。

特に乳液や保湿クリームなど、乳化成分が入っているものは、油の酸化が心配されますので注意して使いましょう。

乳化成分が入っているものは、油の酸化が心配されるので注意しましょう。また、防腐剤などの配合が少ない化粧品は、早めに使い切りましょう。

高温・多湿の場所での保存はやめましょう！

ふたの開けっぱなしはやめましょう！

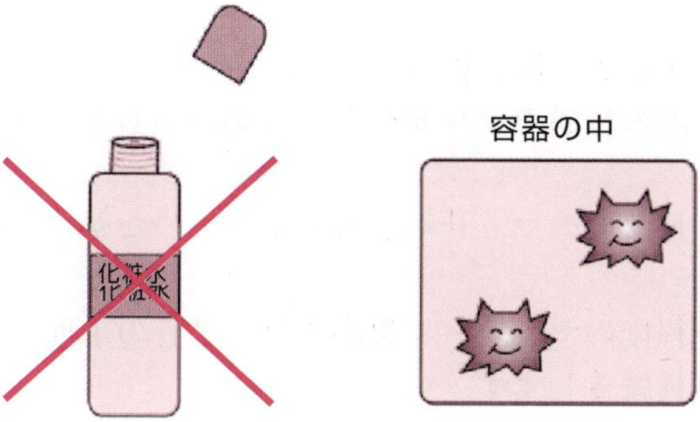

化粧水の容器に中に菌
が繁殖してしまいます。

Q76 毎日顔のマッサージをしたほうがいいってホント

A❶やりすぎは逆効果となる

お肌の老化とともにあらわれるシワやたるみ。

お肌のトラブルの中でも、かなり多くの人が悩むトラブルです。

シワやたるみができないようにと必死になってマッサージをしている人がいますが、やりすぎは禁物です。

表情筋の低下は、たるみの原因にもなりますし、血行不良はくすみの原因になります。マッサージは効果的ですが、間違ったやり方を続けていると、シワやたるみを促進させてしまう可能性もあります。

マッサージをするときに注意が必要なのは、お肌をこすらないことです。

お肌は、実はとってもデリケートなので、こすることで硬くなってしまう可能性があります。

A❷マッサージをするときはクリームを使う

マッサージをする場合は、保湿クリームやマッサージクリームをつけて手がよく滑る状態でマッサージする必要があります。

また、あまり長時間のマッサージも逆効果につながります。

長くても10分程度のマッサージを心がけ、２日の１度程度の割合でやっていけば長続きします。

マッサージする場合は絶対にお肌をこすらない！

マッサージする場合は保湿クリームなど滑りがよいものを使いましょう。

Q77 ビタミンCがお肌にいいのはなぜ

A❶ビタミンC誘導体の働きがあるから

最近、化粧品の中にビタミンを配合する化粧品が増えてきています。その中でも使われることが多いのがビタミンCです。ただし、正式に使われるのはビタミンC誘導体です。

ビタミンCは不安定で、通常はお肌の奥に入ることが難しいため、お肌の中に入って酵素の働きでビタミンCに変わる、誘導体という形で化粧品に入っています。

ビタシンC誘導体の働き

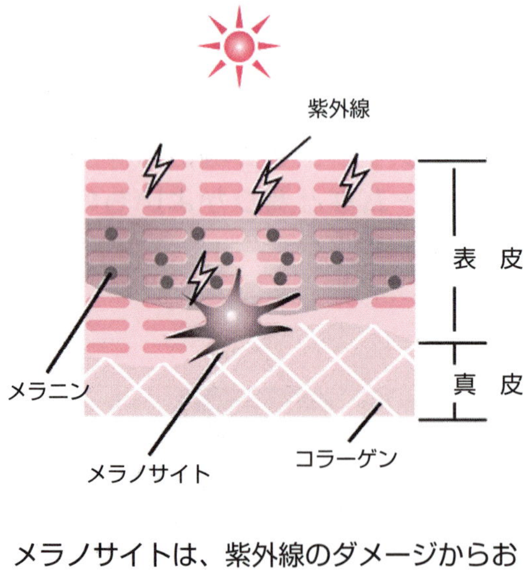

メラノサイトは、紫外線のダメージからお肌を守るために、メラニンを出します。メラニンは、バリアとなりお肌の中にダメージが侵入するのを防ぐ働きをします。

A❷大きな期待が持てる効果は２つ

１つ目は、シミのもとであるメラニンの増殖を抑える作用です。

２つ目は、できてしまったシミのもとのメラニンを還元する作用と、これからできようとしているシミのもとのメラニンを抑える作用があります。

後者は、お肌のハリやうるおい保持と関係の深い、コラーゲンの生成を促進する働きがあります。

お肌の中ではこんなやり取りがされています

まだまだメラニンつくらなきゃ
ビタミンC誘導体
もうそんなにメラニンつくらなくてもいいですよ
メラニン
メラノサイト

Q78 メラニンってなあに

A❶シミのもとになる

メラニンは、シミのもとになるもので悪者扱いをされていますが、実は、お肌にとってとても大切な働きをしています。

たしかに停滞していると、シミになるとはいうものの、メラニンは、紫外線からお肌を守るガードマンのような働きをします。

A❷コラーゲンを守る

具体的な働きは、お肌の奥の部分にあるコラーゲンが傷つけられるのを助けたり、炎症や水ぶくれからお肌を守る働きをします。

メラニンは、メラニサイトと呼ばれるメラニンをつくり出す工場でつくられ、紫外線を受けるとその数が増えます。

お肌は紫外線を受けると、お肌の奥にダメージを与える紫外線を奥に通さないために、バリアをはります。

そのバリアのもとになっているのがメラニンです。

メラニンは、シミのもとになるとはいうものの、紫外線からお肌を守る働きをします。

メラニンの働き

お肌からの指令係

わかりました。
紫外線が入ってきたからメラニンをつくってください。
メラニン

メラノサイト（メラニンをつくる工場）

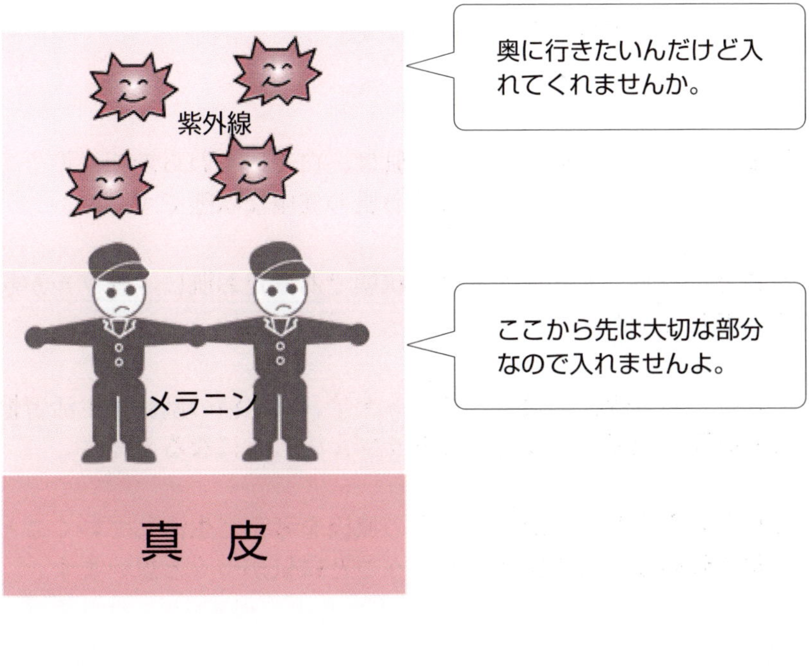
奥に行きたいんだけど入れてくれませんか。
紫外線
ここから先は大切な部分なので入れませんよ。
メラニン
真　皮

Q79 健康なお肌の状態ってどんな状態のこと

A❶お肌のトラブルがない状態

お肌が健康な状態って具体的にどんな状態ですか、という質問を受けることがよくあります。

たしかにイメージがしにくいですよね。

基本的にお肌が健康な状態とは、お肌のトラブルがない状態のことをいいます。

お肌のトラブルは、にきび、シワ、シミ、たるみ、くすみ、乾燥、オイリーなど、いろいろありますが、これらのどの状態にも当てはまらないのが健康なお肌の状態といいます。

現代女性の多くは、何かしらのトラブルに悩んでいますので、健康なお肌の持ち主はかなり少ないです。

A❷赤ちゃんのようなお肌

生まれたばかりの赤ちゃんのお肌は、白く、やわらかく、モチモチしたお肌の状態です。それこそお肌の健康な状態です。

それではなぜ、もともと健康な状態であったお肌にトラブルが起こるのでしょうか。

それは、紫外線、間違ったスキンケア、食生活の乱れ、生活習慣などの原因が複雑に絡み合ってトラブルのもとになるのです。

これを考えると、いかにこれらの原因を考えて生活していくことこそがきれいなお肌を支えるということに気がつくと思います。

美肌は１日にしてならずです。

お肌が健康な状態とはお肌にトラブルのない状態のことです

シワ
くすみ
たるみ
乾燥
シミ
にきび
オイリー

私お肌のトラブルなんて何もないわ！！

Q80 防腐剤はお肌に負担になるってホント

A❶防腐剤は酸化・劣化・菌の繁殖を抑える働きをする

防腐剤は、みなさんが使用する化粧品の品質を保つために必要な大切な成分です。酸化や劣化、菌が繁殖するのを抑える働きをしています。

しかし最近、防腐剤がお肌に負担となる成分であるという噂が流れ、多くの人たちが混乱をしています。

化粧品に入っている代表的な防腐剤はパラベン。

パラベンには確かにいくつかの種類があり、お肌に負担を与える可能性のある種類もありますが、化粧品業界で古くから使われていて、毒性は非常に低いといわれています。

もちろん、問題なのは入っている量ですが、化粧品メーカーの多くは、少しでもみなさんに安全なものを届けたいという思いで必要最小限の配合をしています。

A❷防腐剤が入っていない化粧品が絶対に安全とはいえない

もし、パラベンなどの防腐剤が化粧品に入っていなかったらどうなるでしょうか。

化粧品はすぐに腐ってしまい、管理は今まで以上に大変になりますし、試用期間内で使い切れない化粧品は山のように出てきて、みなさんの家計を圧迫します。

そして、何より怖いのは、もったいないからといって悪くなった化粧品を使ってしまうことです。

お金を払って買った化粧品が逆に自分のお肌に悪い影響を与えていたらどうでしょうか。

そう考えると、やはり防腐剤は必要なのではないでしょうか。

容器等に記載された使用容量を守って使用することを心掛けることが、トラブルを避けるポイントになります。

防腐剤が入っていなかったら

容器の中

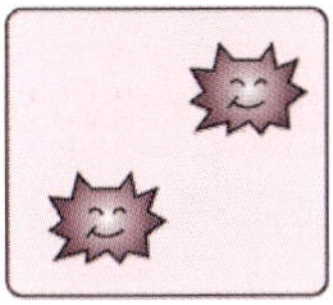

化粧水の容器に中に菌が繁殖してしまいます。

防腐剤が化粧品に入っていなかったらどうなる？

化粧品の中で繁殖した菌がお肌のトラブルを起こす可能性があります。

何よりも怖いのは、もったいないからといって、悪くなった化粧品を使ってしまうことです。

Q81 界面活性剤ってなあに

A❶化粧品では主にクレンジングや洗顔に含まれる成分

近年よく耳にするようになってきたのが界面活性剤です。

界面活性剤は、化粧品では主にクレンジングや洗顔料に含まれる成分です。

それらの成分は、本来混ざり合わないはずの、水と油を一緒にして洗い流すための働きをしています。

メリットとしては、入っている量が多ければ多いほど、頑固な汚れもすばやく落ちます。

クレンジングでいえば、オイルクレンジングやマスカラやアイメイク専用のリムバーなどがたくさん入っています。

デメリットとしては、たくさん入っていることにより、必要な油まで取りすぎてしまうことです。油を取りすぎることによって乾燥肌を招きます。

A❷泡立ちのもと

また界面活性剤は、入っている量が多ければ多いほど泡立ちがよいとされています。

洗顔料でも泡立ちがよく、洗い上がりにお肌がつっぱるようなタイプのものは､界面活性剤が多く入っている可能性が高い商品です。

年齢が若く、オイリータイプのお肌の人には向いているかもしれませんが、乾燥肌や敏感肌、20代後半の女性のお肌へはあまり向いていません。

本当にお肌のことを考えたら、界面活性剤がたくさん入っている化粧品は避けるべきなのかもしれません。

界面活性剤の働き

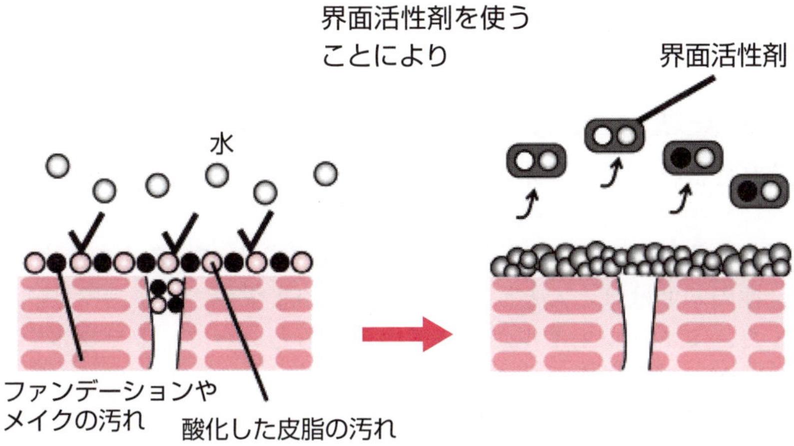

水と油は本来混ざり合わないので、油の膜がある状態だと汚れが落ちません。

界面活性剤を使うことでメイクの汚れや酸化した皮脂の汚れを水と飽和させて落すことができます。

Q82 ミネラルオイルはお肌にいいってホント

A❶ミネラルオイルは石油を原料につくられる

ミネラルオイルと聞くと、なんだかすごくお肌によいイメージがありますが、実は、あなたは大きな誤解をしています。

化粧品に使われているミネラルオイルというのは、もともと石油を原料につくられたオイルのことをいいます。

ですから、お肌にいいオイルというわけではありません。

A❷ミネラルオイルが危険というわけではない

それでは、ミネラルオイルはお肌に悪いものなのでしょうか。

近年の化粧品は、かなり厳しい基準でつくられているものが多く、安全性の基準はほとんどがクリアされています。
また、ミネラルオイルが入っているからといって、トラブルを起こす人がいるというわけではありません。

A❸容器の使用量などを守る

ちなみに皮膚科で処方されるワセリンやベビーオイルにもミネラルオイルが含まれています。

要するに、ミネラルオイルが入っているからお肌によい、悪いを判断するのではなく、容器の使用量などをきちんと守ることが大切です。

ミネラルオイルの働き

カルシウム
ナトリウム
鉄
ミネラルって聞くと何だかお肌によさそう。
安全性の基準はほとんどクリアされています。ミネラルオイルが入っているからといってトラブルを起こす人はいません。
ミネラルオイルは実は石油からつくられたオイルです。
石油

Q83 お肌にいい就寝時間は

A❶10時〜翌朝2時がお肌のゴールデンタイム

お肌と睡眠何が関係あるの？　と思われる人も多いと思いますが、実は、睡眠とお肌には密接な関係があります。

そこで、知っておきたいのがお肌によいとされる就寝時間です。

夜の10時から翌朝２時までがお肌のゴールデンタイムと呼ばれてお肌の回復がもっとも活発に行われる時間です。

この時間だけしかお肌の回復が行われないかというと、そうではないのですが、できるだけこの時間は特別回復力が優れています。

また、お肌は就寝しているときに回復します。

できるだけこの時間に就寝しておくことが、いい美肌を育てることにつながるのはいうまでもありません。

A❷睡眠不足はお肌の大敵

睡眠不足が続くと、血流の流れが悪くなり、くすんだり、メイクのノリが悪くなったり、新陳代謝が乱れたり、お肌が乾燥したりと様々な問題へと発展します。

睡眠は、十分にとりましょう。

お肌のゴールデンタイム

夜10時～朝2時

が最もお肌のきれい
になる就寝時間です。

睡眠不足が続くと

睡眠が十分なお肌　　　　睡眠不足が続くと

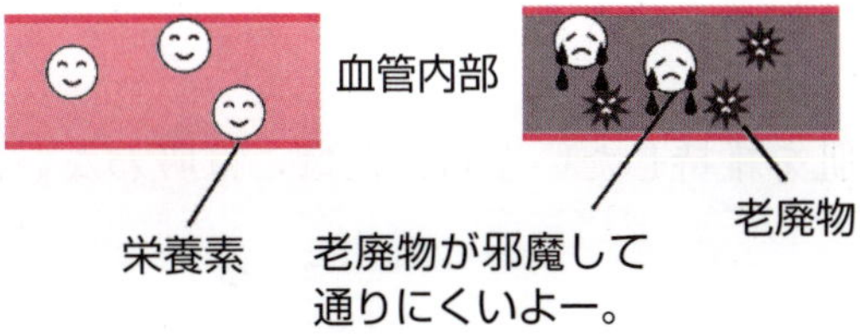
血管内部
栄養素
老廃物が邪魔して
通りにくいよー。
老廃物

寝不足が続くと、お肌へ栄養が届
きにくくなり、様々なトラブルの
原因につながります。

Q84 たばこと美肌は関係あるってホント

A❶たばこを吸うとお肌がくすみやすくなる

たばこと美肌は非常に関係が深く、喫煙をする人はお肌がとてもくすみやすいのです。

その理由は、喫煙することによって血管の収縮がうまく行われなくなり、老廃物がたまりやすくなるからです。

これがくすみの原因の１つです。

A❷ビタミンＣを破壊し、ハリが低下する

喫煙をすると、ビタミンＣが破壊されるといわれています。

ビタミンＣは、シミのもとであるメラニンが増え続けるのを抑える働きをしていますし、ハリを支えているコラーゲンを助ける働きをしているといわれています。

美肌を維持するために必要なビタミンＣをせっかくとったのに、喫煙していては何の意味もありません。

きれいなお肌を維持したいなら、たばこは吸わないほうがいいですね。

たばこと美肌の関係は

たばこを吸っていると

たばこを吸っていない人　　たばこを吸っている人

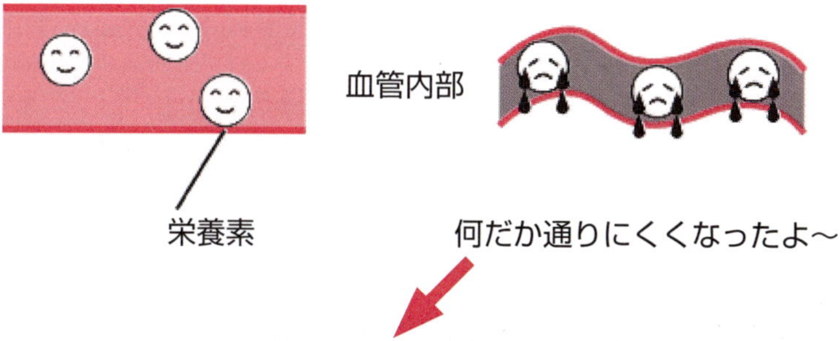
血管内部
栄養素
何だか通りにくくなったよ～

たばこを吸うことによって、血管が硬くなり、老廃物が流れにくくなり、くすみやすくなります。

助けて～
ビタミンC

著者略歴

肌分析カウンセラー　hikari（本名　佐藤　光治　サトウコウジ）
1978年山形県鶴岡市生まれ。東京観光専門学校卒業。ホテルに１年半、化粧品会社に転職し８年間勤務。
自分の経験をもとに、肌の悩みを持っている人を１人でも救いたいという思いで2009年10月に独立。
年間2,000件以上のお肌の相談を受けるカリスマ肌カウンセラー。
誰にでもわかりやすい美容ブログは月間平均10万PVを誇る。

Q&A 美肌をつくり育てる「スキンケア」塾

2010年２月22日　初版発行　　2010年11月25日　第２刷発行

著　者　肌分析カウンセラー　hikari　©

発行人　森　　忠順

発行所　株式会社セルバ出版
〒113-0034
東京都文京区湯島１丁目12番６号 高関ビル５Ｂ
☎ 03（5812）1178　FAX 03（5812）1188
http://www.seluba.co.jp/

発　売　株式会社創英社/三省堂書店
〒101-0051
東京都千代田区神田神保町１丁目１番地
☎ 03（3291）2295　FAX 03（3292）7687

印刷・製本　モリモト印刷株式会社

Printed in JAPAN
ISBN978-4-86367-028-0